透析童年
如何做更成熟的父母

王树 著

机械工业出版社

为了让孩子成长为一个完整的人，未来能够以完整的人格状态幸福地生活，父母所要做的，就是重新了解自己，寻找生命中那些曾经丢弃的宝贵资源。

作者结合自己的教育实践和感受，帮助父母透析自己的童年，看到原生家庭中隐藏的爱与局限，重新经历自我生命和心灵的成长，从而走出童年，以更成熟的状态了解、陪伴和支持孩子的成长。

图书在版编目（CIP）数据

透析童年：如何做更成熟的父母 / 王树著. —北京：机械工业出版社，2020.8
ISBN 978-7-111-65776-7

Ⅰ.① 透… Ⅱ.① 王… Ⅲ.① 儿童教育-家庭教育 Ⅳ.① G782

中国版本图书馆 CIP 数据核字（2020）第 094114 号

机械工业出版社（北京市百万庄大街 22 号　邮政编码 100037）
策划编辑：刘文蕾　　责任编辑：刘文蕾　张清宇
责任校对：梁　倩　　责任印制：郜　敏
北京圣夫亚美印刷有限公司印刷
2020 年 9 月第 1 版 · 第 1 次印刷
145mm×210mm · 7.375 印张 · 3 插页 · 128 千字
标准书号：ISBN 978-7-111-65776-7
定价：59.80 元

电话服务	网络服务
客服电话：010-88361066	机 工 官 网：www.cmpbook.com
010-88379833	机 工 官 博：weibo.com/cmp1952
010-68326294	金 书 网：www.golden-book.com
封底无防伪标均为盗版	机工教育服务网：www.cmpedu.com

谨以此书献给我挚爱的母亲！

推荐语

都说"养儿方知父母恩",我们往往都是在自己成了父母后,才发现心底有一处极疼的所在,那是童年经历在我们的心灵里留下的某种我们并不自知的印记。所以,从某种意义上讲,孩子是上天派来帮助我们感知自己并与过去和解的使者,帮助我们完成一次重返童年的疗愈,完成自己的第二次成长。如果你也正在经历这份成长,那么推荐你看王树老师的这本书。它带给我很大的帮助,引领我一次次面对模糊的记忆,一次次拥抱当年的自己,一次次获得当下的力量。希望,它也能温暖到你。

——《父母世界》前执行主编 朱正欧

我读过王树老师的书,参加过王树老师的工作坊,甚至有幸同她私下聊过天。不管是接触到王树老师本人,还是感受到王树老师的思想魅力,都让我感觉美好、温暖。她和她的精神世界真的就像一棵丰盈的树,充满生命的绿色,时刻提醒我不忘生命本身的美好。

我在亲密育儿的路上走了一些弯路,后来因为接触了王树老师以及阅读了一些父母觉醒类的书籍，经过很深刻的反省，才慢慢回归正途。不过即使是现在，也不敢说自己已经被完全洗涤通透，还需要时时去"抚摸"一下王树老师这棵丰盈美好、充满生机的心灵树，以滋养自己，坚定信念。

——盐妈孕育学院创始人 胡其萍

这本书于我而言，是一个很好的礼物。作者认为，孩子的成长不只是认知的发展，还是身体智慧、心理智慧和精神智慧的合一发展……这是一个新角度！这样的角度，或许还不能被这个时代的大多数人所理解，但，我需要！因为我相信，个人的价值感、效能感、幸福感，才是更高层次的人的状态。我向往这样的状态，我希望也坚信我的儿子应该生活在这样的状态中。

借由此书，我透析自己的童年，尝试梳理自己的成长过程，分辨什么是父母的影子，什么是自身的局限，什么是环境的枷锁，认识到父母作为孩子最重要的引领者，如何影响孩子的生命成长，并尝试创造一个环境，让我的孩子获得爱和支持，并无障碍地成长为他自己。感谢王树，感谢这本书！

——壮爸

与其说这是一本关于儿童教育的书籍，倒不如说这是一本父母自我成长的手册。"父母对孩子天然的爱"是上天给予我们开启自我成长之门的钥匙，正是因为孩子，我们才踏上了这段"英雄之旅"。本书通过孩子的眼睛让我们审视自己的内在，指引我们直面的其实是自己的童年。

　　当我开始像书中描述的那样，用自己的眼睛和角度（而非父母或别人的）来发现和探索这个世界，开始关注自己的身体，更多地与自己对话时；当我平静地看着心里流淌的各种情绪，学着接纳内心深处那个脆弱的小女孩，看着她长大并走向成熟时，我心里充满了感恩。感谢王树老师，是她唤醒了我生命的内在，这束智慧之光不仅照亮了我，还将照亮我的孩子。

——城城妈

　　看着王树老师的书稿，一阵阵悲喜交加，泪流满面，想到了我自己这几年心灵成长的历程，从如何真正爱孩子，到爱自己，接纳自己，到有勇气面对自己，穿越自己。一路走来，真是满心的酸楚，又是满心的欢喜。

　　从王树老师的课程中，我领悟到了：爱自己，照顾好自己，才有足够的能量爱孩子、爱家人、爱社会，生命才能够像花儿一样绽放。从女儿身上，我欣喜地看到了一个

推荐语

完全不同于我的生命,一个智慧、高贵、圣洁、优雅、自律的生命,一个具有创造力、想象力,充满爱心,自尊、自爱的生命!

——祎祎妈妈

很荣幸成为王树老师新书的第一批读者,一口气看完,内心充满了平静、喜悦和一种如沐春风的舒畅感。我深深地懂得了:"只要给予正确的、足够的爱和自由,孩子自己就会成长得很好,而父母的成长,往往要经历艰苦、漫长的历程……"我知道,我已经走在成长的路上了,感谢王树老师以及和王树老师一样引领我前行的人。

——TT 妈妈

在王树老师的课堂上,我开始了自己的第二次成长。当我重新拥有一颗柔软的心时,才发现生活中到处都是美好的事物。我能够进入孩子的世界了,他快乐时,我的心也灿烂;他伤心时,我能感受到他那颗敏感脆弱的心是多么难过。改变自己的过程是漫长的,会时有反复或停滞不前,甚至还会回到最初混乱的状态。但是我知道,我的心底有一朵花正在慢慢绽放。我相信我能够成为孩子最好的支持者。

——卢瑾

要想帮助孩子成长，首先要了解孩子的成长规律；要想了解孩子，就必须先了解我们自己。我尝试着用"探索冰山"的方法了解自己的内在，当自己难过、愤怒、失落的时候，会试着去接纳自己的感受，思考感受背后的感受，渐渐地懂得放下心中的期待，内心就会慢慢恢复平静。虽然还没有办法完全与自我进行联结，但是心中一直有那么一股力量在支撑自己走下去。相信只要努力，只要坚持，一定会有所收获，一定会获得成长。非常感谢王树老师为我们所做的一切，也希望更多的父母能感受到她的那份大爱。

——巫少峰

王树和孩子的联结让我感动不已。那份欣赏、那份尊重、那份一致性（内外一致地、真实地表达自己），如同让我换了一个天和地。我惊讶地发现她眼中的孩子和我眼中的不一样，我发现孩子在她面前美好、愉悦、积极和顺从，可到我这里就不一样了。她努力把她的感受与大家分享，让父母首先改变自己，自我成长，最终实现与孩子的联结。

——六六妈妈

推荐语

有一次在王树老师的课堂上参与讨论时，乱哄哄的教室忽然没有任何征兆地就静了下来，只见她非常缓慢、非常轻柔、非常优雅地在做一个动作，像羽毛般轻盈。我确实惊呆了，我感受到她身体散发出来的能量，荡漾在整个房间的每一个人心中！那是宁静的力量——只有内在先安静下来，外在才能平静。透过她的这个行为带来的感受，我终于明白了，孩子更喜欢宁静，他们需要缓慢、清晰的表达和演示。

——顾敏

推荐序

打碎自己的童年

美国超个人心理学家肯·威尔伯在谈到"转化"这种人的自我进化过程时说,"转化,需要探索自我,深入观察自我,掐紧自我的脖子,直到窒息而死","转化不是一种信仰,而是要使信仰者死亡;不是诠释这个世界,而是转化这个世界;不是找到慰藉,而是在死亡的彼岸找到永恒"。对许多人来说,这只是某个人的理论和认识,但对王树来说,肯·威尔伯对"转化"的描述,就发生在她的身上。她经历了一个转化的过程。这个过程并非突然间的大彻大悟,而是常常把自己打碎后重新组装,然后再打碎,再组装。这个过程,需要巨大的勇气来面对自己,需要巨大的勇气去承受痛苦,并在痛苦中升华,这正是她自我创造的过程。与此同时,她也在做着助人转化的工作。这两个过程,同时进行,而这本书,正是王树这两部分工作的结果。

这本书的写作,是王树探索自己内在世界的结果,也是王树助人转化的工作经验。一方面,是有关儿童成长的,

推荐序

它必须发现儿童自我形成的自然法则，还要清楚儿童无法形成自我的原因；另一方面，是有关父母成长的，它必须了解父母的障碍更多地出现在哪里，以及父母的这种障碍对于儿童成长的影响。基于对这两部分的领悟，王树所提出的问题，正是父母育儿以及个人成长过程中，都会碰到的基础性问题。所以，这本书对父母养育孩子和他们的自我成长，都将会有所帮助。

这本书的写作角度和其他书有所不同，它是用感觉触摸人内心深处的东西，触摸一些本质性的问题。它试图用一种氛围将人包裹住，让人回到自己的童年，让所有的时间和感觉都回去，然后重新组装自己的童年。这是一个疗愈的过程，对有些人是陌生的，但如果你尝试着走进去，那将是一个全新的感觉。

成长，不仅仅是儿童的需要，相信越来越多的父母也会觉得自己需要成长。当越来越多的父母有了内在成长愿望的时候，他们可能需要一种支持，这本书或许正可满足这个需要。他们在打碎自己的时候，在经历痛苦的时候，发现曾经有人也经历过这一切，这对他们将是一种极大的安慰！

著名教育家、儿童心理学家 孙瑞雪

自 序

走向生命的成熟状态

每个人都曾是孩子,拥有美好而丰富的内心世界。只是,在成长的过程中,缺爱的环境和粗暴的行为,甚至无意识的压制和伤害,致使自己封闭了心灵,变成了一个感受缺失、身心分离的人。

但即使这样,对于生命而言,一些最宝贵的资源也从未消失——美好的心灵、丰富的感受、灵动的肢体以及鲜活的生命力。这些宝贵的资源依然被包裹在生命深处,从未被有效开发。

现在,你为人父母,在面对孩子时虽然表面冷静,但内心却惶恐得一塌糊涂。作为孩子的养育者,既遗忘了孩童阶段所有的心理需求,也对自己的心理状态一无所知。因此,你无从了解孩子的内心世界。

大多父母能做或者正在做的,就是用自以为正确的方式对待和要求孩子的成长。但他们并不知道,这会导致自己和孩子永远生活在两个心理频道中,彼此难以建立真正

自 序

的信任与联结。

为了让孩子的成长之路更加健康、完整,父母要做的就是重新了解自己,进行第二次成长,以此来支持和带领孩子的成长。而这,也将让自己逐渐走向更为成熟的生命状态。

这本书之前曾出版过两个版本,从严格意义上来说,这是第三版。伴随着这本书的更新、再版,我也在不断地更新着自己。从第一版身在其中,到第二版完成疗愈与蜕变,再到今天,重新看待自己的童年,我更多想告诉大家的是,当你真正从童年的伤痛中走出来,就可以做自我创造的见证者和自我完善的旁观者。

生命的妙不可言,只有在你客观观察自己的时候才能体会。你开始像一位智慧的观察者,觉察自己的情绪与心理的动态,还能够发现自己人格模式中的光与影,甚至能够看到自身各种防御机制的运作模式。

所有这些观察,并不是要你再次陷入对自我评判的苛责中,而是希望你运用内在宝贵的资源,充满勇气地面对生命的全部,以此穿越自己,走向那个更为本质的你。在此期间,你会发现自己的不完美,也会发现,童年的痛苦、创伤与快乐幸福,恰恰组成了一个更加完整的自己。相比完美，这才是生命的真相。

童年，对于孩子来说是建构自己的开始，但对于三十岁之后的你来说，它是认识自己的最好素材。无论在童年经历了什么，今天的你都可以经由成长的力量重新创造自己，这便是你一生中最重要的事情。

王　树

目　录

推荐语
推荐序　打碎自己的童年
自　序　走向生命的成熟状态

**第一章
童年的印象**

第一节　不该消失的联结力　　　　　　　　...002
第二节　认识你的孩子　　　　　　　　　　...008
第三节　因为匮乏，所以内在的小孩并未长大　...020

**第二章
带着对孩子的爱，打开自己
封存已久的童年记忆**

第一节　生命的降临　　　　　　　　　　　...035
第二节　子宫记忆　　　　　　　　　　　　...037
第三节　创伤，生命蓝图的一分子　　　　　...039

第三章
为童年的那个"内在小孩"工作

第一节　探索生命，发现自己　　　...064
第二节　联结滋养心灵的能量　　　...070
第三节　做自己的观察者　　　　　...078

第四章
放下童年，带着觉知
再看孩子的成长

第一节　对孩子说"我与你的生命联结在一起"　　...090
第二节　孩子不可缺失的安全感与自我价值感　　　...100
第三节　对孩子来说，爱到底意味着什么　　　　　...108
第四节　再谈成长中最珍贵的前六年　　　　　　　...119

第五章
用感恩的力量，对童年说"谢谢"

第一节　对所有的童年丧失说"是的"　　　　　　　...132
第二节　对曾经的自己说"谢谢"　　　　　　　　　...137
第三节　对父母将你带入这存有的大门说"谢谢"　　...143

第六章
童年很重要，但也不再重要

第一节　童年的重要在于它创造了今天的你　...162
第二节　自我创造让童年不再重要　...174
第三节　爱上觉知，爱上自己　...183

第七章
穿越童年，走向更成熟的生命状态

第一节　你唯一能做的就是感谢你的父母　...202
第二节　人生就是一场闯关游戏　...209
第三节　自我意识的成长之路　...213

第一章

童年的印象

我们的童年看似已过去，但童年留下的所有印记都被储存于内在浩瀚的无意识空间中。不仅如此，它还在悄然地影响着我们当下的生活。比如，与孩子的关系，与伴侣的关系，与父母的关系，与其他人和事的关系……

第一节　不该消失的联结力

生命有了一次联结

三岁多的吉吉从楼道里静静地走下来，他在找熟悉的老师。这是一个不说话的小男孩，父母与医生给了众多猜测。在一阵阵的恐慌与担忧中，"自闭症"这三个字很自然也很隐秘地安在了吉吉的头上。

从入园的第一天起，他就只跟着一位他喜欢的园长待在办公室里，也许是因为园长友善，又或者是因为园长穿着与妈妈相仿的碎花上衣。总之，有这样一位园长，吉吉很安心。

吉吉站在一脸疲惫的园长面前依旧不语。看着吉吉可

和孩子一起成长

引领优质阅读　创造美好生活

机械工业出版社

加小编微信
获取更多图书福利

在线收听公益课程

给孩子的8堂超级记忆课

世界记忆纪录的保持者、第25届世界记忆锦标赛官方训练导师,用一学就会的记忆方法,帮助孩子快速提升学习力,
解决10大学科记忆难题!

给孩子的8堂思维导图课

东尼·博赞授权认证讲师、世界记忆大师手把手教的高效学习法,解决孩子学习10大痛点,5倍提升学习力,让孩子爱上学习!
著名主持人王芳、魔方盲拧世界纪录保持者庄海燕作序推荐!

5步儿童时间管理法:让孩子彻底告别磨蹭拖拉

熬夜写作业,睡眠不足?学习不专注,效率低下?假期太放纵,成绩下滑?
5个步骤×11种超实用时间管理工具,让孩子从认识时间到自主管理时间,
成为时间的主人。附赠时间管理手册。

从每天盯作业到真正管学习:打造孩子6个学习好习惯

喜马拉雅人气讲师的"陪学宝典",告诉家长管孩子学习的"正确姿势"。
让孩子爱上学习,让写作业不再是难题!中学校长鼎力推荐!

学习的本质:提升成绩的5大规律

以解题为本,重建思维方式,提升学习能力。五维高效学习法,解决中学生8大类学习难题。学习不仅要提高成绩,更要改变思维方式,拥有更大的人生格局。

如何练就阅读力

从不爱看书到一年读完300本书,6种阅读效率工具,5类听书核心方法;
21天,升级你获取知识的能力。
樊登读书会"我是讲书人"全国优秀选手、《如何练就好声音》作者涂梦珊新作!

怪物研究所:超实用的校园手抄报

海量手抄报边框、简笔画素材、花边设计以及艺术字体设计,
手抄报简笔画,零基础学手抄报。一书在手,办报无忧!

数独口袋题册

作者权威,国内顶级数独教练;口袋本设计,小巧便携;题型多样,涉及多种变形数独题型,提升做题乐趣,同时开发大脑思维。
数独口袋题册随时随地开启思维训练游戏,无时不推理,无处不创造!

快乐玩数独·入门(教学版)

本书采用技巧示意图讲解、卡点解答、真题详解、解题心得等多角度教学
互动形式,有助于读者快速学习数独核心技巧。更容易掌握的解题方法,
更有针对性的海量习题,配备免费教学课程,把"老师"带回家。

快乐玩数独·入门(训练版)

题量丰富,精选数独题目200题; 难度适宜,阶梯递进,快速完成从小白到大师。
激发潜能,挑战能力极限,拓展思维,开启头脑风暴。

好妈妈不吼不叫教育男孩100招

不吼不叫教育孩子理念的发起者,畅销50万册!
家庭教育专家、中华传统文化传播者/推动者鲁鹏程老师重磅作品!
版权输出韩国、越南、中国香港、中国台湾等国家和地区!

不吼不叫 妈妈的一场修行

每个妈妈都有100种替代吼叫的方法。好妈妈不吼不叫,培养性格好、情商高、
更合作的孩子;好妈妈不吼不叫,让家庭变成孕育孩子稳定性和安全感的港湾!

好妈妈不吼不叫应对孩子叛逆期

如何用无条件的爱陪孩子走过3岁叛逆期,让叛逆期变为成长关键期。
温柔地应对3岁叛逆期,不吼不叫,正面引导,为孩子的成长加油!

爱与教养的双人舞:聚焦依恋关系的养育方法

研究儿童早期依恋关系的经典之作,儿童教育专家张梅玲、中国科学院心理所
教授/博士后导师祝卓宏、北京第二实验小学校长芦咏莉、美国俄克拉荷马大学
心理系终身教授/博士生导师宋海蓉联袂推荐!

自控力成就孩子一生:儿童行为问题管理手册

少说多听,3步平和教养法,为孩子种下一颗自控力的种子!
俞敏洪、龙迪倾情作序,孙云晓、陆士桢、赵刚鼎力推荐!

自控力成就孩子一生2:青春期行为问题管理手册

5步改变青春期行为问题,培养孩子受益一生的自控力。
新东方创始人俞敏洪倾情作序,家庭教育专家陆士桢、关颖、曹萍鼎力推荐!

陪孩子走过青春期

正面管教导师、国际鼓励咨询师解密青春期养育法则,让孩子和青春期握手言和。
不缺席的爱,轻松应对青春期难题;和善而坚定,陪伴孩子走过青春期。

给妈妈的第一本食育书

用教育的思维重新设计吃饭这件事,让孩子从一日三餐中获得成长的能量!
关心孩子,从关心食物开始;回归教育,由回归厨房做起。
让我们的孩子,在自然的食材和家的味道里,长大成人。

小儿推拿专家教 捏捏按按百病消

小儿推拿家长速查、速用必备手册,真人彩图分步演示,一看就懂,一学就会!
快速、准确取穴,消除多种宝宝常见病,激发宝宝自愈力!
畅销50万册,版权输出韩国、越南等地!

小儿艾灸 一学就会

针对28种小儿常见问题,提供灸疗方案!辨证施灸,真人图解,一看就懂,
一学就会!艾妈妈阳光艾灸馆创始人王继娟老师潜心艾灸10年之作!
传授中医育儿智慧,教你顺应天地四时的节奏养孩子!

我是妈妈，更是自己：活出丰盛人生的10堂课
心理督导师肖旭、家庭治疗师孟馥、年糕妈妈创始人、父母必读主编、凯叔讲故事总裁等11位大咖联袂推荐，系统家庭治疗师写给妈妈的成长路线图！

好妈妈就是家庭CEO
献给0～18岁孩子的父母，引导妈妈以更高的视野建构成长型家庭，培养面向未来的孩子！
著名教育专家卢勤、新东方创始人俞敏洪、央视主持人周涛联袂推荐！

胜任未来：赢得人生的6种能力
东大、哈佛双料女神，用二十年的积累，揭示年轻一代未来成长的真谛。
李开复、前美国白宫学者黄征宇、中国人民大学文学院教授雷立柏鼎力推荐！

觉知的爱：看见孩子的内在需求
带着觉知爱孩子，改善孩子成长的心理环境，让他们最终成为尊重秩序、自觉自律、绽放天赋、活出美德的人！引导父母向内看，支持孩子的精神成长！

点亮孩子内在的光
引导孩子用身体学习，打开3个智慧中心，让孩子通过身体和心理的卷入，完成体验式的认知历程。将教育理念、心理辅助方法融入营地活动，让亲子之爱得以流动，真正的教育得以发生。

育儿的逻辑
家长的思维和眼界，才是孩子的人生起跑线。思维达人"瘦狐狸"20年育儿经验总结，教你用逻辑思维，培养"别人家的孩子"，变身人生赢家。

育儿的格局：让孩子胜任未来的7大核心能力
5岁前重点培养孩子的7大核心能力，为孩子积蓄胜任未来的力量！
为家长提供一张清晰坚定的育儿蓝图，帮助父母从育儿的忙乱和琐碎中看到方向！

游戏的力量：10大游戏体验塑造完整童年
美国国家亲子出版奖金奖作品！剑桥大学心理学博士、YoKID优儿学堂主席苏德中倾情推荐！一个平衡完整的童年游戏清单，让孩子像个孩子那样长大。

不缺席的妈妈：3岁前给孩子全然的陪伴
原美国儿科学会主席赞许推荐，美国著名精神分析师告诉你早期陪伴的意义和方法，新手妈妈必看的0-3岁陪伴指南。
对于孩子来说，重要的不是礼物而是妈妈的陪伴！

不愤怒的父母：如何让孩子更合作，家庭更幸福？
资深临床心理学家的畅销作品，剖析愤怒背后的6种信念，提供管理愤怒的六大行为工具，献给父母的愤怒情绪管理指南！不愤怒的态度就是一种有效的教育，我们比孩子更需要学习如何管理自己的情绪！

爱的样子，园长低声说："吉吉，老师今天很累，你自己去玩会儿吧！"

吉吉并没有走开，而是依旧静静地看着园长，他的眼中闪烁着晶莹剔透的光芒。就在园长疑惑的时候，他突然伸出小手，柔软而宁静地捧住了园长的双颊。这出乎意料的举动，让这个三十岁的园长愣了一下。紧接着，他缓慢而轻柔地将头靠在园长的肩上。

一股暖流涌过，那一刻，吉吉和园长都在发光。

吉吉就这样静静地趴在园长的肩头。过了一会儿，他再次宁静地抬起头来，看着园长有些潮湿的眼睛，久久没有移开。一种来自心的联结发生着，它超越了语言，以一种很深又很柔软的心灵碰触呈现，就如同心被亲吻了一下。更准确地说，成人得到了孩子爱的滋养。

联结不是来自头脑，而是由身心引发的一种深刻而清晰的体验。只有孩子才会如此快地进入这种深层次的联结。

爱的能力

美丽的秋老师走在幼儿园的楼梯上，迎面走下来两个孩子。"早上好！"秋老师微笑着和孩子目光对视。"早上好！"走在前面的那个孩子看着老师，大声回应道。随之，秋老师的目光移向后面那个孩子,说:"早上好!"孩子并没有回复,只是深情地看了秋老师一眼,然后继续走下楼梯。

看着后面的孩子没反应,前面那个孩子站住了:"老师,他还没向你问好呢!"秋老师笑答:"他问了,他在用眼睛向我问好。"后面那个正在下楼梯的孩子迅速回头,深深地凝望着秋老师,那眼睛分明在说:"你读懂了我的心。"然后一转身,如小鹿一般宁静而优雅地走了,脸上洋溢着被理解和被发现的满足感。

如果说,孩子天然拥有这样的联结力,那么曾经在童年的你也不例外。而今天,当你为人父母,却为何丢失了这样可贵的爱的能力?

生命的两条轨道

"六一"儿童节,妈妈陪安琪儿去幼儿园过节。上午10点,办公室前已经排起了长队,孩子们自己挑选奖品,拿到奖品后便迫不及待地与父母分享。

小小的礼物,对他们来说,非常重要。打开礼物,兴奋地触摸和探索,这就是孩子,他们与自己内在的需求紧紧相连,他们活在当下。

第一章 童年的印象

"妈妈，妈妈，快一点，不要打了！"循声望去，是三岁的安琪儿，只见她一手拎着自己的相框，一手拉着妈妈的手，还拿着自己的领奖票。妈妈正在打电话，安琪儿使劲往前拽着妈妈，妈妈的身体却微微向后趔趄着。看上去，妈妈和孩子身体的力量正好相反。

队伍越来越长，安琪儿更着急了，一个劲儿地喊着妈妈。但妈妈此刻却全神贯注地打着电话，对孩子的感受浑然不觉。

老师走上前去，快要靠近安琪儿时，安琪儿马上大叫起来："别碰我，我要妈妈，你走开！"看来她很清楚老师的动机。

妈妈停下来，但电话依旧没有结束，情绪似乎显得很激动，丝毫没有察觉到老师和安琪儿之间的事情。老师只好站在一旁，看着孩子努力争取属于自己的妈妈。

安琪儿一会儿拖着妈妈，一会儿又推妈妈。妈妈的身体在推搡中趔趄着，眼神似乎在说："你等一下行不行？！"安琪儿无奈，只能努力让自己安静下来，等待妈妈。

显然妈妈的电话内容很长，好像与对方有些争执，完全没有停下来的意思。看着很多小朋友都拿到了礼物，安琪儿更加焦急了。突然，她转身使劲推了妈妈一下。由于用力过猛，自己手中的相框"啪"的一声落在了地上。

所有人都吓了一跳，包括安琪儿和妈妈。有三秒钟的沉寂，孩子们都本能地靠向自己的父母。安琪儿吓坏了，望着妈妈，眼睛里充满了惊恐。

妈妈似乎并不懂得安慰孩子，她自己的情绪也忍不住爆发了："让你等等，你就是不等，看，拉，拉，这下打碎了吧！我说了，打完电话就去，你怎么不听话呀！"说着，一下甩开了孩子的手，独自走开。

安琪儿再也无法压抑自己的委屈，大哭起来。她挣脱我的怀抱扑向妈妈，但此刻的妈妈也被情绪所困扰，依旧不停地抱怨着。

妈妈的愤怒与孩子的委屈，将这对母女一起卷入强烈的情绪中，就像两个孩子在赌气。

创造了生命，却为何失去了与它联结的能力？

这些年来，类似的问题使许多父母越来越困惑。年轻的父母努力工作，拼命赚钱，想用自己的付出为孩子创造一个好的环境，这不就是爱吗？但这份爱为什么让我们与孩子越来越远？

礼物就是孩子的天使。它代表着一份对新事物的好奇，一份内心可以体验到的爱。安琪儿就处在这样的内心需求中,并把这一需求表达了出来。她不明白,为什么对于自己来说如此重要的事情,妈妈却丝毫不关心;为什么一个电话可以聊那么长时间;为什么在自己情绪最坏的时候,想从妈妈那里得到抚慰却屡遭拒绝和指责。

父母则处于完全不同的"频道",他们习惯于通过物质利益来判断事情的重要性。但对于一个孩子来说,无条件的爱才是他需要的。孩子对成人世界还一无所知,自然不能理解这一通电话可能牵扯到一笔很大的利益,也不能明白妈妈在百忙中抽空陪伴自己的心意。

孩子的需求与成人所给予的爱,就这样在完全不同的两个频道,各自上演,却始终没有交集,不能对接在一起。

这正是孩子与父母的困惑。父母挤出时间陪伴孩子,但孩子却未被滋养到,这是因为在陪伴中没有联结。真正高质量的陪伴,需要放下自己的事情,用自己的心去感受孩子的心。在这样的状态中,关注孩子所关注的事情,看见孩子的需求,这种陪伴即便时间不长,孩子也能感受到父母的爱。

显然,安琪儿的妈妈和众多父母一样,对孩子的内在情绪与需求处于完全未知的状态。一对本该天然就能联结的母女，却始终处在无法沟通的两个频道中，令人惋惜。

第二节　认识你的孩子

孩子有一个内在世界需要长大

生命从被孕育的那一刻起，就有一颗精神的种子同时孕育在每个人的体内。它带着大自然万物的能量和大自然进化的秘密，指引着每个人内在生命的成长。相对于外在的这个生命体来说，它看不到、摸不着，是一股无形的内在力量，真实地存在着。

人的进化高于动物的本质表现，就在于人拥有这颗精神的种子。只有这颗种子的成长，才能真正体现人的完整与文明。它包含了人内在的丰富与高贵、细腻与敏锐、智慧与创造力……一切潜能都被孕育在这颗精神的种子中。

孩子的世界，就充分地展现着这颗种子的存在。在《童年的秘密》一书中，蒙台梭利讲道："儿童在出生前便拥有一种精神发展的模式，而这种模式的外部显现是通过儿童生命的前六年拥有的一种心理能力,即吸收性心智,和另一种心理发展过程,即敏感期来体现的。"心理能力和心理发展这两点在我们这些年的教育中,正在被反复地验证着。

好友与一位带着孩子的妈妈一起旅行。好友是一位优雅美丽的女士,而那位妈妈却是个不那么在意形象的女人。

在那一晚的相处中,从聊天到洗漱,再到护肤和换衣服,整个过程,她们都没有留意对方,每个人按照自己的方法收拾自己。而那个刚上小学的孩子,从头至尾没有说话,只是安静地坐在沙发的一角,静观一切。她全然地观察着好友的一举一动。

第二天,孩子告诉妈妈:"那个阿姨真的好美!"并且跟妈妈仔细分享了她的所见与所感。从那以后,这个孩子在审美上发生了巨大的变化。她开始留意妈妈和自己的着装,以及自家的环境和氛围,并建议妈妈对环境进行改造。

这就是孩子,你给他怎样的环境,他就能获得什么,并且成为什么。

蒙台梭利在《童年的秘密》一书中这样写道:"儿童有一种特殊的内在活力,它以惊人的方式自然地征服事物,这是从一种激情消耗到另一种激情消耗,从而建构和创造着自己的精神世界。否则心智正常的发育就会遭受障碍，造成心理杂乱或扭曲。这种心理发展过程不是偶然的，最终也不是因为外部刺激所引发的，而是依赖于精神种子的发展。"

所以关注孩子不同阶段的内在成长，就变得尤为重要。从 0~6 岁时建构精神的自我，到 6~12 岁时发展精神的自我，再到 12~18 岁时将内在的精神自我与外在的世界逐渐融合并形成自己的价值观，最终到 18 岁后，孩子将通过外在世界去实现他的自我价值。这个复杂而漫长的成长让一个人最终成为一个心智成熟的人。

成长的核心是自我意识的发展

知人者智，自知者明。成长的核心是让自我意识能够匹配着年龄的变化而得以发展。

所谓自我意识，教育心理学给出了这样的解答："自我意识就是对自我身心的觉察。"觉察，即感觉与观察，也就是说，把自己的心智作为一个对象来加以认识。这是人类与动物相比，所拥有的较高级的智能。

在一个人自我意识的发展过程中，**第一个被显化（呈现与转化）的特点就是意识性**。简单地说，就是一个人在自我意识的发展过程中，逐渐对自己、他人以及环境产生了有意识的理解和自觉性。

四岁的腾腾看着出神的凌老师，轻轻地走到她身边，用稚嫩的语气问道："老师，你怎么了，是想妈妈了吗？"凌老师回过神来笑道："老师在想一个朋友，但不是妈妈。"腾腾停了一下，然后继续说道："和想妈妈一样，对吗？"

自我意识的发展让腾腾拥有了感同身受、理解他人的能力。透过对他人行为、表情的观察，与之共情，然后理解他人的感受。

第二个被显化的特点是社会性。生命的头三年，孩子会建构自我保护、一对一深度联结和社群性发展的三种本能。当孩子顺利完成前两种本能的发展后，自然会渴望第三种本能的发生。这时孩子进入幼儿园，开始透过各种方式去认识自己的朋友，并在团体中去寻找自己的位置和角色。

在交往的整个过程中，孩子会更加容易认识到自己、自己的父母、家人以外的他人与事物，以及自己与他人、与环境之间的关系。他们逐渐以自己和父母之间的关系为蓝本，去发展与世界的关系，这是自我意识进一步发展的重要标志。

第三个被显化的特点是能动性。在成长过程中，孩子会收到来自老师、同学、父母的评价。如果评价是正向积极的，孩子会借此最大限度地发展能动性。如果评价是消极的，孩子总是被打击、阻止、限制，那么自我实践和自我探索的能动性就会被减弱。能动性的发展是在社会实践中产生的，所以自我在团体中如何进行内在调节是关键。

第四个被显化的特点是同一性。对于孩子来说，心口一致不难，那是他们纯粹的生命状态所带来的。但随着孩子逐渐成长，有意识地成为一个内外一致、前后一致的人并不容易。由于成长环境带来的压力，孩子很早就会使用防御机制来保护自己，久而久之，孩子的心门就关闭了。这毫无疑问干扰了他们同一性的发展。

与动物相比，人类的自我意识发展从一岁开始，直至二十五岁发展成熟和稳定。在这个漫长的过程中，人要经历早年生理与心理需求被满足的阶段，要经历自我意识发展的各个敏感期，还要经历一步一步的分离去探索更大的成长空间。

一般来说，自我意识的发展将会经由四个层面来呈现。

第一个层面：自我认知

一个人站在镜子面前就可以看见自己的身高、面孔、表情、发色、胖瘦，而这只是对自己外在的认知。我们对于自己内在的感受、情绪、人格特质、精神发展的认知又有多少呢？

当一位妈妈谈及人格模式中的受害者、讨好者和牺牲者的时候，一旁九岁的儿子问妈妈："它们分别是什么意思？"

妈妈简单地举例回答："你很小的时候，误喝了一杯不新鲜的牛奶，因此你生病了。之后，奶奶总是在你面前提及这件事，因为奶奶觉得她自己和你都是那杯牛奶的受害者。于是，你相信了奶奶的话，也认为自己就是那个受害者。从此你决不喝牛奶，虽然那个馊牛奶事件早已过去，但想起牛奶你就会有受伤的感觉。如果有人给你推荐或者强烈要求你喝牛奶，你的感觉如何呢？"男孩清晰地答道："紧张、害怕、生气，就像一个受害者。"

这是一个清晰的自我认知过程。孩子最早通过认识自己所拥有的情感和物品来认识自己：

我的妈妈，不能抱别的孩子；

我的爸爸，不能送别的孩子礼物；

我的衣服，别人不能穿；

我的椅子，别人不能坐；

我的玩具，不能与别人分享……

这仅仅是一个三岁以前的孩子的自我认知状态，在这个发展时期过后，他们会有新的挑战。其中一样，就是认识自己的情绪：

我生气了，因为妈妈说话不算数；

我很愤怒，因为爸爸强迫我做自己不想做的事情；

我很恐惧，因为爸爸妈妈又在打冷战；

我很伤心，因为我竭尽努力完成的事情，却没有被看见和认可；

我很委屈，因为在我帮助别人的时候却被老师误解；

我很紧张，尤其是在老师批评和惩罚别的同学时，我害怕下一个是我……

随着年龄的增长，孩子会在自我认知这个层面一步步深入下去，兴趣、喜好、需求、渴望与期待……

第二个层面：自我体验

当一个小婴儿能够把手指塞进自己的嘴里，并开心

"品尝"的时候，自我体验就发生了。他们吃、摸、抓、扔、爬、坐、走……用一切方式去体验自己与周围的环境。体验被满足后，内化就产生了。也就是说，他们所体验到的一切成为自己内在的一部分。

一位植物学本科毕业的老师，在为孩子们开展认识植物的活动时，并没有将他们带入自然中去教学。因为她所学的植物都在书上和图片中，所以在她眼中，为孩子们提供图片就够了。她无法创造出体验式的教学方法。

所谓体验，就是亲身经历，看、听、闻、尝、摸，打开五感去体会。而体验式教学，就是让孩子亲身经历，并体验到老师要教授的东西，以此去理解和内化那些知识与概念，并完成进一步的创造。如果失去了体验，既不能真实感受外在的环境，也不能仔细品味内在的触动。

第三个层面：自我调节

很多巨大冲突的产生，都是因为缺少自我调节的能力。尤其是那些由小错而酿成大祸的事件。每一天每一刻我们内在的生命能量都在变化和移动，每出现一个念头，就会带来一种感受，每产生一种感受，就会激发相应的情绪。无论我们是否捕捉到它们，它们都存在。如果我们没有调节能力，就很可能会为很小的一件事情而崩溃，又或者会因为压抑一件很大的事情而产生一种持续消极的情绪。

自我调节能力是为了让一个人的内在处于基本平衡的状态中，如同黑夜与白天让人作息交替。这样的能力恰恰是从自我意识的发展开始的。

三岁的铭铭语言发展迟缓了一些，当他想要表达自己的时候，只能用哭闹的方式。不仅身边的小朋友无法明白，就连父母也很焦虑。由于受到语言限制，铭铭自我意识发展也遇到了阻力，他很难通过清晰的自我表达获得成人的支持，以转化内在的情绪。

老师对铭铭的表现进行了具体的评估，并提供了调整方案：

首先，解决孩子语言表达的问题。老师放慢语速，让铭铭看清楚自己的口型，听清楚自己的发音，然后为铭铭创造更多的可以表达自我的机会和环境。

其次，在铭铭情绪来临的时候，老师耐心倾听他的情绪，帮助他说出情绪背后的需求。等铭铭情绪过后，再给他示范如何正确表达和求助的方法。

半年后，铭铭度过了这个阻碍期，踏上了自我调节情绪的成长之路。

第四个层面：自我评价

自恋和自卑是人格特质的共性，而客观评价自己是一件很重要却并不容易的事情。

我把一面镜子放在教室中央，邀请孩子们一一站在镜子面前，介绍自己的三个特质。面对这个话题，不论是中学生还是小学生，都会不自觉地愣一下，不知道该如何表达，又或者觉得自己没什么特点，再或者就是只说出自己的缺点。

六岁以前的孩子对自己的认识更多来自父母，父母的评价无论是否定或认可，还是批评或欣赏，孩子都会吸收。但六岁之后，孩子需要父母引导他们进行积极的自我评价。

"妈妈，我的作品好不好？"

对于六岁之后的孩子，妈妈不能笼统地说："真好，我的儿子画得真棒！"而是需要认真对待："我觉得构图很不错，你自己感觉这个作品怎么样？"

通常孩子会打开话匣子，向妈妈表达自己的看法。这些最初的自我评价，会为他们之后进行更深层面的自我认知和评价打下良好的基础。

现在的孩子自我意识较强，更容易了解自己的内在需求。这也恰恰是当今父母的挑战。如果父母没有很好的引导能力，孩子很可能会卷入以自我为中心的旋涡。

　　作为生命本质、精神胚胎的呈现，自我意识的这四个层面以螺旋上升的方式进行发展。它彰显着一个人与生俱来的智慧和后天成长中所建构的认知方式、心理模式、情绪感受、精神成长，最终以语言表达、行为动作、性格特征等方式呈现出来。而这一切，都是孩子生命的自然需求，父母却从未认真了解过。

成长就是心理需求逐渐被满足的历程

　　众所周知，孩子的身体需要食物和照顾才能成长，同样，他们的精神也需要照料与滋养，甚至需要更多的养分。

　　有一部美国影片讲述主人公在经历物质满足后，开始回归心灵。主人公的童年是在叔叔的葡萄园里度过的，他经常看到一位种植员修剪葡萄树时对着树用心歌唱。他问叔叔："他为什么经常给树唱歌？"叔叔回答："因为树不仅需要阳光和土壤，还需要内在的宁静与和谐。"就这样一句话，让主人公在多年之后，又重新回到了那个能让内心宁静的地方。

　　孩子的内在成长也和树一样，需要满足心理层面的需求：受到重视和关注，被全部接纳的感觉，爱和被爱，明确规则。这些需求在我的另一本书《觉知的爱：看见孩子的内在需求》中被详细解读。

若想真正看到孩子本来的样子，需要父母打开心，去联结孩子的内在世界，去造访他们内在世界的花园：认识他们内心那些还未长大的部分，认识他们的恐惧与担忧，认识他们对这个世界的好奇……而这所有的认知，必然要建立在父母认识自己的内在世界这一基础之上。

有了觉知，就不会丢掉自己

一旦满足了孩子的内在需求，他们精神的"我"和身体的"我"就会和谐发展，他们不再将充沛的生命力消耗在电子游戏上，不再沉溺于自己的负面情绪中，不再"乐此不疲"地与父母对抗。他们会在爱中建构起较高的自我价值感，心中也更容易涌现爱意浓浓的快乐、兴奋、喜悦、宁静的正向感受。与此同时，孩子的行为是自信、自律、专注的。继而，孩子拥有了一致性的生命状态。

一个十一岁孩子的表现折服了他的老师。他站在老师的办公桌前，等待着老师批改自己的作业。老师始终低着头说："这里错了，已经说过了，为什么没改？""这个也错了,下次不允许。"能够听出,老师在毫无觉察中冷漠地教导着孩子。

孩子自始至终没有被老师潜在的指责所影响,他很平静地接受着老师传达的信息。从他宁静平和的脸上,看得出他能够很清晰地将老师的情绪与事情本身分开。整个对话中,他开放性地接受了老师的意见,或者说是批评,丝毫没有因此而认为自己不好,或者否定自己的价值。这个孩子的成长,已经超越了很多成人。那一刻,他透过自我意识所产生的自我觉知,让他在面对权威的时候没有丢失自己。做到这些并不容易。

第三节 因为匮乏,所以内在的小孩并未长大

未长大的自我

许多人,从出生的那一刻起,就受到现实环境或者父母教养方式的局限,迫使自己忽视精神自我的存在。生存的危机、生活的压力,都让他们的身心处在紧张和恐惧之中。他们唯一能做的就是快速适应这个充满危机和竞争的

外在世界，而那个精神的"自我"被封冻在了六岁以前。许多人看似成熟，其实他们的情绪和心理感受却停留在了童年时期。

一两岁的孩子开始磨牙，而伴随着磨牙，他们也开始不由自主地咬东西。一位妈妈在被咬之后，打了孩子的屁股。但这并未起作用，孩子依然会咬妈妈，于是妈妈也更加猛烈地掐孩子、咬孩子，以此让孩子记住这个惩罚。

这位妈妈为何会选择这么做？是她不爱孩子吗？不，她爱。只是在被咬的瞬间，妈妈内在的那个未长大的"情绪小孩"被激发了出来。"孩子"与孩子之间的较量一定是相同的，把对方打回去，同时自己又会对此做一个合理化的解释："我掐他、咬他是为了让他记住这样做是错的。"显然这位内在还是一个孩子的妈妈并不了解孩子成长的心理特征，只是用儿时父母对待她的方式来养育自己的孩子。

精神自我的成长并不容易，需要父母用成熟的心智去引导孩子，同时还要给孩子一个有序而完整的外在环境。如果父母自身的精神自我都还没有被建构起来，就更谈不上支持孩子的精神成长。因此，孩子原本用于成长的能量可能就被大量的游戏或者过多的物质刺激所吸引。他们过早封闭自己的内心，不再信任父母以及世界。

一个八岁的女孩面对老师的强势态度不知如何处理，她的妈妈非常心疼女儿，于是小心翼翼地如同对待一个三岁孩子般陪伴着女儿。但女儿并不领情，也用三岁孩子般的方式打妈妈，以此释放自己在学校不被尊重的压抑情绪。妈妈感到困惑：为何自己如此温柔地对待女儿，反遭女儿这般回应？

所谓成长就是一次一次的蜕变。六岁之后的孩子相比六岁之前，已经发生了蜕变，如何跟上孩子蜕变的节奏去引导他们，这考验着父母自身的蜕变。如果父母的内在小孩未曾长大，又如何去影响那个渴望长大的孩子呢？

心灵的匮乏感

如果你已年过三十还不知道爱上自己的重要性，那么你可能会感受到更深的匮乏感。被爱的温暖、被欣赏的喜悦、拥有安全感的踏实、被关注和重视的满足，是人类共同的渴望，也是孩子那颗精神种子的滋养品。但是，这些恰恰是很多父母在童年时心理上所匮乏的那部分。

经典韩剧《蓝色生死恋》就演绎了这样的故事，两个同时出生的女婴，一个来自富足、恩爱的完整家庭，一个来自贫困、暴力的单亲家庭，她们刚一出生，就被阴差阳

第一章 童年的印象

错地调了包。两个女孩在同一个班里上学,恩熙从小在父母以及哥哥的宠爱中长大,成绩一般,但友善温柔。芯爱从小在妈妈与哥哥的暴力中长大,成绩出色,内心却充满仇恨。十二岁那年,一次意外的车祸使真相大白,两个女孩各自回到原本属于自己的家庭中,命运就此改变。富足、恩爱的父母,将错失了十二年的亲生女儿芯爱带到国外安静地生活,并让她接受良好的教育。曾经拥有富足之爱的恩熙,却开始经历从未体验过的生活,暴力的哥哥与毫无安全感且情绪无常的妈妈,成为她生活的全部。

十年后,她们再次重逢,命运已经截然不同,但她们在十二岁以前所建构的生命品质,却并没有改变——恩熙依旧友善而温柔,并用自己的爱感化着情绪无常的母亲,而芯爱也并没有因为后面十年爱与温暖的补偿,而消弭童年所受到的伤害,内心依旧充满了不安与敌意。直到全剧的结尾,当恩熙的生命即将逝去的时候,每个人的心灵才因受到巨大的冲击而得以改变。

造成剧中人物命运的是童年时期的匮乏感。当你经历过一个物质和精神都很匮乏的童年,在给予孩子心理与精神引导的时候,可能会心有余而力不足。你想爱孩子,却不知道如何去爱。

补偿教育是陷阱

陶妈很努力,身边的朋友都不理解她虐己虐儿的教育方式。

陶妈的儿子在 13 岁那年考取了香港最好的中学。后来,陶妈开始带着儿子去见心理咨询师,只因为儿子总感到焦虑。

咨询期间,儿子很清晰地表达自己的基本情况以及当下的心理困难。说来说去,就是自己怎么做也达不到妈妈的标准。因为陶妈永远觉得别人家的孩子为何能成第一,而自己的儿子却不行。

几场咨询下来,咨询师评估陶妈的儿子聪慧清晰,陶妈本人却有焦虑症。

陶妈的生活让许多女人羡慕。她很年轻就遇到了视自己为女王的丈夫,家境殷实,后来他们有了自己的一双儿女。但就是因为陶妈自己没考上好大学,丈夫又不是那种一定要做青年企业家的上进分子,所以陶妈把所有的期望都寄托在儿子身上,以此补偿自己的缺失。

道理都很简单,但只要放到自己身上,就难免"不识庐山真面目"。这种补偿心理如陷阱般让陶妈越陷越深,失去觉察真相的能力。而所有的补偿又来自她缺失的成长经历，并被隐藏于她的潜意识中，让她难以发现和认识。于是她不愿意面对自己，只能把期待对准身边的人。

需要改变的不是孩子

大多数人不太愿意也很少能静下心来回忆童年，认为往事不堪回首，过去无法改变，而受过去影响的当下也让人无能为力。但孩子不同于成人，他们的生命才刚刚开始。

获奖纪录片《幼儿园》，一开篇就出现了两行字幕："也许是我们的孩子，也许是我们自己！"

这是当年最好的寄宿制幼儿园。周一的早晨，幼儿园哭声一片，孩子们死死地拉着妈妈的手不放。

紧接着，孩子们开始了一周有规律的生活。在传统意义上，全托是锻炼孩子们生活自理能力的最佳方法，所以孩子们学习自己处理事情就变成了重要的课程。

一个中班的小男孩，在午睡后要穿衣服。里边是一件半袖T恤，外边要穿一件衬衣。小男孩怎么都穿不好，许久之后，他终于气急败坏地将衣服扔在床上，并且烦躁地大哭起来。可是，帮助并没有来临，他只得在无奈中拿起衣服，再次边哭边穿。

孩子们被要求将两个小椅凳上下互扣摆放，但有一个孩子怎么都摆不好，他惆怅万分。然后，他获得的唯一指导，就是老师一句不耐烦的话外音："调个面，调一个面。"语气之外的潜台词是："你真笨啊！"孩子放弃了，无奈地看着窗外。

在成人认为这一切很正常的同时，我想孩子内心已经对自己有了一个潜在的判断：我是不行的。

影片对孩子之间从身体到语言的"暴力攻击"都做了记录，这种"攻击"显示出愈演愈烈的势头。打人的孩子被全班围攻，柔弱的孩子被强势的孩子蔑视，冷漠以待："你这个人好烦，我好讨厌你，不要和我坐在一块！"

仔细听听，这不是孩子的言语。孩子的成长在全然地模仿父母。父母的一言一行、一举一动已成为无意识的模式，自己看不见，但孩子却在无意识地吸收。

很多父母也许并不觉得这是成长中的问题。片中对孩子做了一些采访。

记者问一个五六岁的男孩："你知道爸爸妈妈为什么把你全托吗？"孩子略带遗憾地说："他们说很忙，要赚钱养活我！"顿了一下，孩子继续说："我妈妈要去美容院，我爸爸是房地产老板，要去请别人吃饭。"说完，他若有所思地想了很久。

我想,他可能会认为在爸爸妈妈心中,比起吃饭和去美容院,自己不够重要。

记者又问几个五六岁的孩子关于爱的话题:

"什么时候会说'我爱你'?"

"不知道!"

"说过没有?"

"没有。"

"听别人说过没有?"

"没有。"

"你想对谁说'我爱你'?"

"不知道。"

"爱是什么意思呀?"

"就是我把你抱着,你把我抱着!"

"那你有没有抱谁的想法?"

"没有。"

"你会对什么人说'我爱你'?"

"不说。"

"是不能说还是不好意思说?"

"不好意思说。"

"为什么？"

"因为那个很恶心。"

无独有偶，王朔有一部叫《看上去很美》的小说，描写的是二十世纪六七十年代的孩子在幼儿园的生活，十几年前被拍成了电影。片中的主人公方枪枪，通过自己的眼睛与感受，记录下了幼儿园生活的琐事，就是这样的琐事，给无数孩子留下了成人不知的深切创伤。

对比《幼儿园》与《看上去很美》所呈现的教育场景，可以发现，随着时代的发展，物质条件虽然得到明显改善，但教育理念和多年固化的养育方式却没有太大的改变。

快三岁的钕钕发育迟缓，比起同龄的孩子，她晚发育一年。钕钕的妈妈是女强人，生下钕钕就留给了姥姥姥爷带。钕钕很少有与人交流的需求，吃饱就睡，睡醒就吃，剩余时间就会发呆。父母认为她是个好带的孩子，也就没有留意。直到钕钕两岁，父母才发现她和普通孩子不同。父母为何会如此忽略孩子的成长？不是不爱孩子，而是自己曾经也是这样长大的，谁还会专门为孩子去学习？父母把自己养成成功人士，再带自己的孩子有什么问题？但事实上，这恰恰是问题所在。

第一章　童年的印象

成人的内心也有一个"孩子"

丽在家中排行老二,上面有哥哥,下面有妹妹。在童年的记忆中,哥哥最受父母的关注,哥哥的一切要求总能在父母那里得到满足,哥哥的每一点成绩也总能得到父母的赞赏,似乎哥哥的点滴小事在父母那里都很重要。娇小的妹妹也比较能获得父母的照顾。而处在中间的她却总是被忽略,似乎父母总也关注不到她的存在,她的要求在父母那里总被认为是不合理的,她的努力和成绩在父母眼里显得那么微不足道,而且她还要担当起照顾妹妹的责任。童年的她常常会感到委屈、不公平,但幼小的她已经懂得讨好父母、讨好周围的人,以获取他们的关注,这也形成了她乖巧温顺的性格。

这样的成长经历不断给她传递这样的信息:哥哥、妹妹很重要,而自己是不重要的,是没什么价值的。她自己也在不知不觉中接受了这样的看法。她不知道的是,自己那份被关注、被肯定的渴望早已深深埋在了心底。

丽带着这样的渴望,一直到成年。结婚后,爱人对她的宠爱,重新唤醒了她那份在心底埋藏多年的渴望。她开始渴望丈夫像父亲一样爱她,关注她、重视她、肯定她、欣赏她。就在获得满足的过程中,她不再那么小心翼翼地讨好丈夫,而变成了一个指责丈夫的女人。这种指责并没有恶意,却能让一个人多年的压抑宣泄出来。她是幸运的,找到了一个像父亲一样的丈夫,能够以博大的胸怀宽容她、接纳她、肯定她、欣赏她。但有太多的女人并没有这样的运气,能做的就是重新透过成长来爱上自己。

有时候,一个简单的理由,就决定了你在父母心中的地位,也决定了你能从父母那里获得多少爱和赞赏。比如,自己是个女孩而非父母期待的男孩;自己长相一般而非父母期待中的漂亮宝贝;自己排行老二或老三,而非老大或老小;自己在父母计划之外来到这个世界上;自己仅仅某一学科的成绩不如兄妹……就这么简单,你认为自己生命本身的价值就被否定了。

天下没有不爱孩子的父母,只是父母从未长大,又怎能以成熟的状态养育孩子?一个"孩子"去养育另一个孩子,除了在无助、无爱、恐惧的时候,用暴力对待那个更小的孩子以外,还能做什么?这就是想爱而无力爱、想爱而不懂爱的养育方式,无形中给孩子留下了一些心理伤痕。

第一章 童年的印象

"我知道我没有长大！"

一个三十多岁的成功男士，事业有成、家庭美满，令许多同龄人羡慕。而他却向朋友坦诚倾诉，自己的情感并没有在真正意义上长大成熟。妻子的包容时常令他感恩，童年情感的缺失让他知道这一切的珍贵。

他从小成长在父母的吵骂声中。在母亲的认知中，父亲一无是处。这样的情绪，同样被暴躁的母亲转移到自己身上。在这样的家庭中成长，一方面，他很努力，不想让母亲看不起自己；另一方面，优异的成绩并没有带给他真正的自信。

大学毕业后，他凭借自己的努力和才干收获了安稳的生活。直到自己成了父亲，童年的那些记忆再次涌上心头。他诚实地告诉妻子："我不会做父亲，因为我小时候看见的都是冲突、指责和抱怨。我知道，在我生命中有一部分并没有长大成熟，我需要学习。"

他的故事不是个例，在大多数人的成长过程中，童年都不是一帆风顺的。正是孩子的到来，让我们有机会重新认识自己，即使内在的一些部分还没有长大，那又怎样？这不正是一个学习的机会吗？成长的第一步就是看见自己，然后尽可能去改变、去完善。

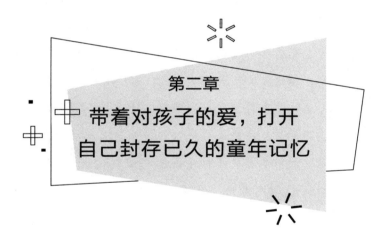

第二章
带着对孩子的爱,打开自己封存已久的童年记忆

一个刚刚诞生的婴儿，不仅是我们能够看到、触摸到的小身体，他的生命内部，同时带着大自然赋予每个人的灵性的能量和信息。它犹如一组密码，承载了一个生命成长的全部资源，使得婴儿的生命拥有了一种与生俱来的灵性精神和具有创造力的生命特质。

其实，你曾经也是这样，只是在破译这些密码，进行自我创造的过程中，环境、教育和身边的成人，让你的内在需求产生了太多的缺失。比如，归属感的缺失、安全感的缺失、认同感的缺失、爱的缺失……于是，你迷失了自己。

这种缺失感，并不会随着年龄的增长而消逝，而是会隐埋在生命的最深处。你很少有机会去清晰地觉察到它，但它却成了你生命的"老板"，每时每刻都在指挥着你的思想，牵动着你的情绪，主导着你的行为。

所以，只有了解了自己的童年，才能更好地理解孩子的需求。

第一节　生命的降临

光,明亮地交织着,由白变蓝,由蓝变紫。白是那样清澈,蓝是那样深邃,紫是那样剔透。

爱,弥漫在整个空气中,散落在每一个角落里,围绕着每一个人。

海,宁静而广阔,一眼望不到边际,只有那一片湛蓝映入眼帘。

花园,静谧而祥和,花朵与绿树相互辉映。

男人,被白色长袍包裹着健壮的身体,悠闲地躺在树下的摇床上。

女人,被海水般的蓝缎包裹着柔软的肢体,优雅而宁静地编织着梦想。

孩子,被光围绕着,一身洁白,让你永远想不到黑暗。

无论男人、女人,还是孩子,他们都有一对可以自由飞翔的羽翼。

那真是一个美丽的地方,令人向往而留恋!

一群可爱的小天使坐在桂树枝头,双翼发出祥和的光,正闻着清淡的桂花香，陶醉在满园的七彩缤纷中。那模样时而显出圣洁与高贵，时而又俏皮与活泼。

一位智者走来，小天使们喜悦而宁静地围坐了下来。

"你们知道这一道道光是怎么来的吗？"

小天使们看到人间有一道道光环不断出现，那是相爱的人身心结合的时候所发出的光，这光璀璨夺目，也激发了小天使们想去一探究竟的好奇心。

智者微笑："去那里可以，只是你们要记得自己。在那里你们要面对许多问题，但无论怎样，都不能忘记自己。"

带着真诚、慷慨、勇敢、宁静、平和、节制等美德，小天使"归"扬起美丽的羽翼，从容地飞向人间，飞向那充满一切可能的光芒中。

一束祥和的光看不到尽头。在光的隧道里，美妙的音乐表达着大自然的声音，流光溢彩的画卷表达着大自然的光芒，河流般的舞蹈表达着大自然能量的流动，还有一些不可名状的事物表达着大自然的神秘。这一切被悄然地储存在生命之内，不可分割。

第二节　子宫记忆

　　女人知道自己怀孕了，但这并不是她所享受的事情。回忆着自己从小因重男轻女而不受欢迎的童年经历，她不知道该如何面对未来，如何养大孩子。但是，婚姻是两个人的，该来的还是会来。

　　隧道的光消失了，归感受到被一个柔软的"气泡"包裹着。

　　在这个全新的环境里，归在经历生命的蜕变。她不能再用明亮的眼睛看见天国般美丽的风景，但可以用丰富的感受了解周围的一切。她不能再享受天国的阳光，却有被呵护的快乐。

　　在很长的时间里，归不断变换角度来体验自己的变化。这种变化很新奇，身体不断增长，模样越来越清晰，只是那对美丽的羽翼在一点点隐去，直至消失。当然，归清楚地知道，这个日益成长的身体和这对隐形的翅膀是不可分离的，只有它们融为一体的时候，生命才具有真正的意义。所以，归会捍卫她的翅膀，并按照它的指引不断成长。

归不仅清晰地体验着自己的变化，而且清晰地感受着气泡主人的变化。

通常，气泡中的光线和温度是恒定的，柔和、温暖。无论归用手还是脚，每一次触碰气泡壁的时候，那种软软的弹性都让她久久陶醉。虽然空间不大，但也能自得其乐。

但有时候，气泡壁突然紧缩，归的身体会随之收缩，心也跟着紧绷，幼嫩的身体一动不动地蜷缩着。

归知道，气泡主人那经常不约而至的坏情绪又来了。她日复一日地酝酿着这些坏情绪，却不知道，这对于她肚子里的归而言，是一个莫大的苦难。

坏情绪使她的身体散发出毒素，而毒素很快会进入气泡中。归感受到灰黑的迷雾带着一股刺鼻的气味在气泡中蔓延。这种感受不仅会让归感觉混沌，也会让她间歇忘记天国以及光之隧道中的感觉。

这种情况有的时候很频繁，消耗着归带来的能量。但归始终坚守，因为她带着信任、希望和爱而来！

每每面临这一刻，归总会用大自然赋予她的灵性之光去穿越那片迷雾，爱的法则会显现力量，慢慢将气泡中的迷雾消融。

第三节　创伤，生命蓝图的一分子

归的故事

人生第一次感受

该来的终于来了，归随着一股力量进入黑暗而潮湿的通道里，与先前那柔软、温暖的气泡完全不同。在反复挤压中，伴随着恐惧，归出生了！

归的世界与母亲同在，没有母亲，她无法生存。

年轻的母亲并没有做好准备，她还不知道养育一个孩子到底意味着什么。传宗接代是一种自然选择，但对于生命的意义，显然这对父母并不懂得。他们依据自己的成长经历照顾孩子，内在的情感与爱都显得苍白无力，又何尝能体验到幼小的孩子对父母之爱的呼唤呢？因此，父母做出了一个决定。

过早分离，失去联结

让爷爷奶奶带孩子，小时候自己也是如此长大的，有什么问题呢？一个童年没有获得过爱的人，通常情感封闭、单一，至于生命中美妙的同在感与联结体验，也就连同内心的渴望一起压在了冰山底层的"潘多拉盒子"中。所以，父母很难认识到婴儿还是生命花园中的稚嫩花朵。

就在这样的理念之下，归远离了父母。分离的那天，归看着母亲的眼睛，看着父亲的面庞，越来越远，越来越模糊，那种同在感与联结体验更是渐渐远去……归哭泣着，呼吸短促，身体渐渐紧缩，一切犹如一幅定格的画面，清晰地停留在归的身体记忆中。

她知道，她把自己的心放在母亲身上了，见不到母亲的时候，她只能用幻想去体验那种爱的感觉。

但无论怎样，生命是神奇的，孩子弱小的身体中，竟蕴藏着强大的爱的能量，可以唤醒别人，同样也疗愈自己的伤痛，这正是生命的自动修复机制。慢慢地，隐形的羽翼将归包裹起来，爱缓缓地流淌在归的身体里。归依然用自己的生命能量滋养着身边的人。

随着年龄的增长，爷爷奶奶的爱替代了父母，归除了误认为父母抛弃了自己以外，生活依旧。白天和小朋友们疯玩，只是傍晚回到家，总会有种孤单与失落偷袭她的心，尤其是每个小朋友都被父母叫回去的时候。

第二章 带着对孩子的爱，打开自己封存已久的童年记忆

这正如小鹿斑比，当伙伴们被自己的妈妈带走的时候，小斑比无比孤单地躺在雪地里，梦到了闪着金光的母亲，它奔跑过去，投入母亲的怀抱："妈妈，你为什么要离开我……"

归也时常做和小斑比一样的梦。不同的是，每次奔跑过去的时候，画面总会变成那个父母渐渐远离的场景，然后梦中的归就不断地找妈妈，那画面总是由灰慢慢变黑，那颗被抛弃的种子也在归的体内蔓延、扩张，甚至抑制了归天然的爱的能量……

归哭着醒来。醒来的时候，总是在爷爷或者奶奶的怀里。归到底属于哪里？在反复出现的梦境中，在反复醒来的场景中，归的潜意识终于做了一个判断——属于爷爷奶奶的世界吧！

产生信念，求得生存

九岁那年，父母要接归回去读书。归哭着死活不肯，原因很复杂，她不太熟悉爸爸妈妈，又很依恋爷爷奶奶。当然老人也同样依恋这个新鲜的生命。

不多久，在父母的强行安排下，归回到父母身边。城市生活对于归来说是陌生的，与父母一起生活也是陌生的，

尤其是一直和父母生活在一起的妹妹，那更是一个陌生的家伙。

这个陌生环境，让归再次失去归属感。自己到底属于哪个家庭，到底是谁的孩子？做梦的同时她时常问自己这些问题。

在新生活中，归的内心也很渴望能从妈妈那里，获得跟妹妹一样的爱！但是，不是归不想靠近，而是不敢靠近。一旦靠近，那种曾经被远离的场景与感受就出现了。所以归时常感觉不到自己的存在，始终无法体验与父母的亲密感。父母也无法明白归的心境。

"我为何无法与父母亲密相处？"

在内在渴望的驱使下，归的潜意识开始进行总结：

因为父母不爱我！

父母的话不可信！

我不值得被爱！

我只有做到最好，才能获得与妹妹一样的爱……

归学着察言观色，琢磨父母的一言一行。她懂得如何透过出色的表现讨好他们，让他们高兴，并且吸引他们的注意力。为了获得爱与关注，她忘记了自己，将生命的全部看向了外在世界。就这样，她用自己的方式来求得生存。

第二章　带着对孩子的爱，打开自己封存已久的童年记忆

成长的烦恼

十五岁的归仿佛不再孤单，又好像更加孤单，矛盾和冲突在她的心头滋生。这种感觉，让归无可抑制地恐惧，她无法预知自己的生活，也无法获得爱的关怀与内心的支持。越是匮乏，越是渴求，她对爱与支持的渴望和追求，已经远远大于对这个世界的探索与认知。而她的父母并不明白这一切，他们只关心归的成绩是否达到了他们的期待，他们通过训斥与要求，让她反省，并重新回到他们认为正确的发展轨道上来。在他们的理解中，这就是爱，也是他们能尽到的最大责任。

在孤独、恐惧的日子里，归总是会回到那个反复出现在梦中，那个她总想逃开的令人生厌的情境——孩子那么小，家那么遥远，站在门口的父母是那么模糊，画面的颜色总是由灰逐渐变黑，一切都感觉那么冰冷……

每次做这个梦的时候，归的情绪都很低落。她记不起具体发生了什么事情，但那种感觉却总是真真切切，好几天都无法忘记。

直到有一天，她走在路上，一阵撕心裂肺的哭声传来——"妈妈，妈妈，不要留下我！妈妈，妈妈，我听你

的话……"归的胸口，突然有一种猛烈抽搐的痛感。她恍惚着追随哭声走过去，一个孩子正边哭边追赶着妈妈……

那一刻，归的内在，有感同身受的绝望与伤痛。不一样的孩子，不一样的父母，不一样的场景，却有同样的感受，似乎昨晚才在梦中见过。当然，相同的是那灰黑的色调，冰冷的感觉以及静止不动的画面。

归就那么站着，很久很久，没有任何意识，只是站着。她的脸变得苍白，再由苍白变得发红，一种愤怒夹杂痛苦，慢慢地涌上心头，这种感觉以前从未有过。那个瞬间，归内心的爱、信任以及希望也悄然远去，像被埋在生命的冰山底下。带着一种冰冷，潜在的绝望、愤怒和痛苦的综合情绪开始在归看上去平静的体内滋生。

她的上臂与后背突然感到阵阵疼痛，犹如被抽走了什么。她不知道，那是她美丽的隐形羽翼……

归彻底地变了。

生活的意义到底是什么？也许改变这一切的，只有离去，离开这里！

寻找归属感

带着自己的信念，带着对新生活的憧憬，归进入新的

第二章 带着对孩子的爱，打开自己封存已久的童年记忆

城市，走进了大学校园。

新的一切，让归的内心充实而平静。那个梦境，也已经很久没有出现了。

直到有一天，一个听上去热情而有些羞涩，期待中带有渴望的声音响起："我很喜欢你！"在对方炙热的眼神注视下，归的内心再次掀起了波澜。她有些不知所措，紧张、兴奋、愉悦、担忧……

甜蜜像晃荡在微波阵阵的湖面上的小舟，晃得人有些微微的眩晕；幸福使得她的脸上绽放出从未有过的光彩。她开始恋爱了。"也许，这是我真正的归宿。"她幸福地告诉自己。

恋爱的过程中，归的内心有种强烈的怕被抛下的感觉。无法辨别，却牢牢地控制了她。逐渐，她发现自己不具有创造和享受亲密关系的能力，她和男友像两个没有大人照顾的小玩伴，时而快乐无比，时而又吵闹不堪，彼此争夺，彼此索要。每当"战争"爆发的时候，无助、恐惧就会再次袭来，那片灰黑，那个场景也会再次出现。

归终于厌倦了这种没有色彩的生活，她决定寻求改变，她要知道自己是谁，知道自己为何会成为今天的样子。

伴随着这个内在渴望的来临，归的内心被唤醒。归意

识到,创伤是事实,学会接纳它,并透过成长让自己的生活发生改变,才是她当下能够为自己的人生所做的具有建设性的选择。

安的故事

情绪化的母亲

很小的时候,安就养成了一个习惯:每天与小伙伴分手,回家第一件事情,就是先趴在窗户外,看看家里的情况。这对安来说很重要,她需要观察妈妈的情绪与家里的气氛。如果妈妈情绪好,那就是春暖花开,可以大摇大摆地放心进去,放肆一点儿也没关系;如果妈妈情绪不好,那就是冰天雪地,就得小心点儿,最好是安安静静或偷偷地溜进家门。安甚至希望自己变成一只小昆虫,尽量被妈妈忽略不计,不然,就可能招来一顿劈头盖脸的指责。

安和姐姐、弟弟,跟着爸爸妈妈一起生活。妈妈是个能干的女人,会做很多好吃的,把屋里屋外收拾得干干净净;冬天把火盆烧得暖暖的,让他们在家里尽情玩闹;教他们唱好听的歌谣……但这一切都只会在妈妈情绪良好的境况下发生。如果妈妈情绪突变,那日子对他们而言,就像寒冬腊月的屋子里没有火盆一样难熬,这个时候,安连大气都不敢出。

安不明白,妈妈的情绪为什么一会儿热情似火,一会儿寒冷如冰,家里的气氛为什么总是像六月的天气,说变就变。

虽然不明白,但安必须学会接受这个家庭的特征。妈妈要强又依赖父亲。依赖使她成了爸爸的附属品,而好强又让她憎恨自己这种附属的角色,这使得他们之间总有冲突。妈妈讨好又指责的方式,也让孩子们难以琢磨。

安能做的,就是小心谨慎地避免妈妈把情绪发泄在自己身上,她甚至探索出了一个规律:

爸爸回来的时候,家里就是春天。但随着爸爸再次出门的日子临近,家里就由春天过渡到了冬天。先是妈妈唠唠叨叨,抱怨爸爸对家庭的照顾不够,然后是爸爸忍无可忍,大发雷霆。在爸爸走后,妈妈会将所有的情绪转移到孩子身上。

老二情结

作为老二,安不难发现,爸爸喜欢姐姐,正如妈妈宠爱弟弟一样。虽然他们总是说,一碗水要端平,在孩子们发生冲突后,也表现出有理没理各打三十大板的"公正",

但安依旧能够用她敏感的心捕捉到真相。

"这孩子怎么回事，总是这么扭捏，一点儿都不像我！"爸爸这样评价安。

其实爸爸并不知道，安也希望可以肆无忌惮地接受父母阳光灿烂般的爱，她总是幻想着爸爸将自己抱起，让自己高高地骑在他的脖子上，并昂起头向弟弟示威。但这只是安美好的幻想，她从不会主动跑到爸爸身边，将自己的渴望表达给爸爸。安已经习惯于观察，因为她不知道扑向父母后，迎接她的是冰还是火。

通常，当爸爸回来的时候，安会默默地站在一边，直到爸爸和家里每个人打过招呼后发现安，并叫安过去的时候，安才会慢慢走近他。偶尔，爸爸也会将安高高抱起。看着爸爸温和的脸，即使内心很喜悦，安也会紧张得全身僵硬。所以，多年来，安一直有一个毛病——在高兴和愉快的场合下，会无意识地紧张和局促不安。

隐藏自己

除了敏感于自己的地位，安也会小心留意家中每一个成员的地位。

奶奶严厉、蛮横、冷漠，她似乎并不喜欢安的妈妈，

第二章 带着对孩子的爱，打开自己封存已久的童年记忆

通常在训斥完妈妈之后，会对着安补一句："你就和你妈一样让人讨厌！"安厌恶那张冷漠又高高在上的可憎的脸。相比对妈妈的忠诚，她称奶奶为"敌人"。

姐姐很善良，像爸爸一样能干，因此获得了不少称赞。安很羡慕，也想向姐姐学习，但在行动之前，心里总有一个声音响起："你不行，做不好了怎么办？爸妈会生气，别人也一定会耻笑你。"安会犹豫、担心，最后放弃。

弟弟很冷漠，做事不负责任。但妈妈对弟弟很纵容，同样做错事情，如果是安，就会受罚，如果是弟弟，就很有可能幸免。除非被爸爸发现，而他唯一的办法就是尽量躲在妈妈和奶奶的身边。就算是这样，他也没少挨打。看着爸爸打弟弟，安会很恐惧，担心自己有一天也会遭受像弟弟那样的待遇。所以，安更习惯于躲在不易被发现的角落，让自己在这个家中隐形。

安无法认识自己，在渴望亲情的时候，看见的都是冷漠和疏离；但在退缩后，看见的仿佛又是家人的热情和快乐。这两者亦真亦假，让她不再信任自己，也不再信任别人，然而在太多的现实生活中，她又深深地忠诚于自己的父母。

可可的故事

被评判的生命

可可的身体特征看上去与其他孩子多少有些不同。一眼望去,他更像一个可爱的外星孩子,但绝不符合地球人的审美标准,只有那双幽蓝而深邃的目光给他留下了尚可发展的余地。

在成人的世界里,看得见的现状才是重要的。他们很难用积极乐观的态度,看到孩子内在可供发展的潜质。所以,有些父母认为,在一个充满竞争和多变的时代里,假如一个孩子没有正常或出色的相貌,就意味着首先失掉了"半壁江山",剩下的就是加倍学习、加倍努力,从而取得生存的机会。

这样的理论基调,看似是"爱"。"孩子,你的相貌不出众,所以要好好学习,否则长大可怎么办呀!"

"可可妈妈,你家孩子好像有点问题,带他到医院瞧瞧吧!"

"这位妈妈,你孩子的问题,很有可能会影响生理发育和智力发展,你还是要重视啊!"

第二章　带着对孩子的爱，打开自己封存已久的童年记忆

"他长得好怪啊，我们的孩子都不和他玩儿！"

……

起初，可可并不在乎这些说法，因为他清晰地知道，他的天使之翼拥有丰富的资源，可以支持自己在成长的历程中，经历一次次的蜕变，最终使自己成为一个独一无二的人。

但让可可没有想到也无法接受的是，父母以及其他亲人也对自己有和别人一样的评判，甚至嘲讽。

"儿子，你长成这样真给我丢脸。"爸爸不痛快的时候会这么说，即使在与妈妈的争吵中，也不忘以此来攻击妈妈："当初不让你要他，可你非要，你看他如今这样，长大了怎么办！"但可可并不觉得自己愚笨，更不理解外貌与愚笨有什么必然的联系。

众口铄金，积毁销骨。成人并不知道，他们的眼光与评判，把多少本来才华横溢、魅力独特的孩子扼杀在摇篮中。可可也不例外，原本坚定的信念开始动摇：或许我真的不好？"自己不够好"的感觉开始蔓延。

可可开始留意其他孩子的相貌和身体特征。看到那种很符合成人标准的漂亮孩子，可可多少会有些羡慕，并久久地想象着自己如果是长这样，那该多好啊！

看到和自己状况相似的孩子时，可可通常有两种表现：在有旁人的情况下，他会选择快速离开，因为他不想一起承受那种异样的眼光和尖刻的评价；在没有旁人的情况下，他会走上前去，用同情与爱心去温暖他。

因为自己的相貌问题，可可很容易听到同样带有评判和比较的声音：

"瞧你这五音不全的嗓子，音乐课对你来说简直就是浪费。"

"就你这么胖还想跳舞，哪儿都不协调，行吗？"

"我这可都是为你好，就你这成绩，别说重点，就是考普通学校也难。"

"你爸妈怎么就生了你这么个笨孩子。"

多少年后，他人的这些评判都还深深地刻在可可的心头。他对这个世界充满愤怒。在他眼中，大家对他并不友善，他用爱、用友善，甚至用示弱都未能改变这些批判，之后，他开始用愤怒保护自己。

他让自己变得强大，从身体到学习，以及对待别人的方式和态度。似乎只有自己处处强大，才能保护自己内在的脆弱。

第二章　带着对孩子的爱，打开自己封存已久的童年记忆

爱儿的故事

爱的法则

一个满脸疲惫的男人从火车站走了出来，这是爱儿的父亲。三岁的爱儿，步履还不稳，她挣脱妈妈的手，以最快的速度奔跑过去，扑到爸爸的怀里，抱着爸爸的脖子喊："爸爸，爸爸！我想你！我爱你！"她的声音充满了爱意，整个身体都洋溢着幸福和满足，以至于周围的人都被这稚嫩的童声所感染，望向爱儿。只有孩子，才会对爱有如此直接的感受和表达。周围的人仿佛被这赤子之情唤起了心中沉睡已久的爱，但很快又随风散去。爸爸抱起爱儿，让她骑在自己的脖子上，差旅的疲惫似乎瞬间散尽。

爱儿从出生的那一刻起，就在用自己的眼睛、小手，还有那灿烂的笑，向所有她见到的人，表达浓浓的爱意，并唤起他们心底的爱。

每当妈妈不快乐的时候，爱儿就会静静地站在妈妈面前，用自己的小手捧着妈妈的脸，看着妈妈。她用纯净的眼神，带着爱的能量，化解了妈妈心中所有的苦闷。有时候，爱儿会静悄悄地来到爸爸身边，紧紧地抱住爸爸的大腿，深情的眼神让爸爸顿生怜爱。

没有人教过爱儿这样做，但爱儿很熟悉这种感觉：给予亲人以及周围的人一种无条件的、全身心的爱。这是爱儿六岁以前所拥有的能力，是来自大自然的智慧。

爱的缺失与唤醒

爱儿的父母，经历了一个特殊的时代——每家每户都要发家致富。贫穷让人们无法享受家庭生活，一切都要先从解决生存问题开始。

父母忙于赚钱，认为这是最好的爱，但这和爱儿的需求并不一致，父母却并没有意识到这个问题。随着赚钱的压力增大，父母的脾气变得无常，爱儿会遭受牵连，但她从未记恨和抱怨过父母。不过，在长久的压力和冲突下，爱儿开始压抑自己的需求，让自己麻木。

直到一日，一个三岁的男孩不顾一切地扑向迎面走来的一个女人："妈妈，妈妈，你是我最好的妈妈，我爱你！"那声音不大，却穿透了爱儿的心，让她想起了自己小时候。之后，一些童年的记忆不断浮现，她认识到自己丢失了原本充盈的爱的能力。多年来，爱的缺失让她陷入了情感危机，内心的空洞急需伴侣来填充。但伴侣似乎跟自己一样空洞，又如何能给予自己爱？

倒是自己的孩子，始终在身边给自己莫大的温暖和慰藉，孩子成了她的情感伴侣。

她用爱的名义伤害着孩子！在无序的爱中，父母无意识地掠夺着孩子的生命力。爱儿开始明白，她必须爱上自己，如此才能真正爱好家人。

爱儿意识到，这个世界是有秩序的，情感也有秩序。每个孩子的到来，都是为了激发父母内心的爱。

一场自我救赎的内在探索就此展开。

身体是承载灵魂的容器。它不能够被肆意挥霍，它让每个人拥有看、听、嗅、味、触的美妙功能，以感受和认识这个美妙的世界。

爱儿试着放慢脚步，感受身体的每个部分。她不再用超负荷的工作、肆意的情绪、长久的熬夜来伤害它，并试着给它放个长假。她在自然中漫步，学习深长的呼吸，习练瑜伽，进行冥想，自由舞蹈。透过每一次对身体的滋养与联结，她探索身体蕴含着怎样的奥秘，为何它会被称为"小宇宙"。

身体是一个能量体，起初爱儿并没有体验到能量，但随着一次次的觉察练习，压抑在体内多年的情绪开始涌动。而这些情绪通常表现在气息中，比如：在自由之舞的大汗淋漓之后，爱儿会感到一股愤怒之气从腹部升起；在习练瑜伽体式之后会感觉到悲伤，以及沉睡已久的后背在苏醒；在自然中静走，会莫名地感动流泪；在冥想之后，身体会感到从未有过的轻盈。一些残留的负面情绪正在逐渐离开身体，身体也从原有的松散状态逐渐变得中正、紧致，生命的场域也在渐渐扩大……

接下来，心理空间也在变大。之前容易感到痛苦、绝望、悲伤的事情，随着内在探索的深入，不再那么容易让她产生波动。爱儿了悟到：

探索内在如同弹奏一架钢琴。起初，由于陌生，内在的各种情绪与模式呈现出一种混乱的状态，就像不会弹奏，琴键便无法呈现美妙的乐曲。

但随着对生命的熟知，对内在资源的辨识，对心理层面的剖析，一种更大的心理空间伴随着稳定的情绪与清晰的觉知出现了。

如此，爱儿意识到这个头脑的过滤器也在发生着精微的变化。当一件事情来临的时候，不同的过滤器会带来不同的想法。

之前，爱儿总是抱怨上天对自己不公平，让自己的生活如此糟糕。当她的过滤器流出这个想法的时候，这个想法就锁住了她,并且时刻跟随着她,"帮"她创造出一个更糟糕的生活。

但是,在经历内在一层层的转化与蜕变后,爱儿的意识悄然发生着变化。她突然发现,上天给了她一个天使般的孩子来唤醒她内心的爱,给了一个很能包容她的丈夫……一种新的意识自然来临,爱儿的生活完全发生了改变。

当体验到生命的时候,才会经验到一种深刻的爱与真实的存在感。爱儿不再一味索取爱和期待爱的来临,也不再强迫自己一定要刻意保持一种好状态。有时她依然会感到悲伤、痛苦,但她不再被这些情绪掌控。爱儿知道,情绪不是她,身体不是她,内在的伤痛也不是她,这只是生命的一部分。当自己可以驾驭这一切,便可安住于自性(生命的本质)之中!

郝的故事

我要醒来

郝是大多数人羡慕的对象。无论是父母留给他的财富,还是他当下所拥有的一切,看上去他应该很满足。但事实上,一种强大的空虚感时常偷袭他。

"活着的意义到底是什么？"

回望自己走过的路，除了旁人可以看到的财富和成功以外，有的只是枯燥、单调、乏味。在郝的生命中，有些部分丢失了，就如同一扇门被关上了一般，没人可以进入他的内心世界。他甚至认为自己是个没有情感的人。想起童年，整个家庭除了疯狂赚钱，没有太多相处，更谈不上交流。这让郝在童年乃至少年时都很自由，无人教导。但事实上，郝感到自己的成长被做了内切割手术，他失去了认识自己的机会，因此他无法快乐。

直到经历了一场巨大的危机。

作为"富二代"，郝习惯了旁人所谓的重视和尊重。然而在一次工作沟通中，他与粗暴的领导发生了争执，在愤怒之下出了车祸。虽然保住了性命，但面对生死的体验让他开始重新看待生活。

在养伤期间，一些内在的声音始终在耳边响起："活着的意义是什么？你知道你是谁吗？你是否真正活出了自己？"

这些声音让他感受到一种引力，将他引向探索内在生命的方向。郝能够为自己做的，就是找回遗失在成长路上的某些部分，并重新创造那个完整的自己。

康复之后，他辞去工作，开启了自己的内在成长之旅。在一次又一次的内在对话与独处中，他感受到了一些之前从未有过的体验。这种体验并非是过去那些吃喝玩乐的事情带来的短暂欢乐，而是在他独自闭关四十天后，感受到的真正的宁静和喜悦。也因此，他收听到来自内在的珍贵信息：

亲爱的郝，你好吗？

你很幸运可以收听到这些关乎你的信息，你用你的勇气和决心，重新赢得了一盏指路明灯。

每个人在成长的道路上，都会遇到各种各样的问题。从你出生到此刻，会有无数件痛苦的事情将你的生命填满。因此，你忘记了生命中原本拥有的很多美好，找不到幸福感。如果你渴望重新寻回生命中丢失的部分，那么你需要为自己做些事情。

这是一次英雄之旅，换句话说，你是一位冒险家，将探索多年来生命中的未知部分。而这些未知部分不像是美丽的鲜花、宁静的湖水，更像是一片黑暗、一段沼泽地或是一座被冰雪封冻的房子。

说到这里，你可能会骂我："你这个傻瓜，你让我去寻找幸福，却怎么像是让我受酷刑，它比我现在的生活看上去更加糟糕。"

是的,当你走上这条探险之路,一定会看到一些景象,它们是你曾经看不到,或者不愿看到的部分。但这些所谓的障碍,就实实在在地存在于这条探险之路上。踏上这条路,就是要发现和穿越,如此,你才能靠近自己的心!

你所要做的是以下这些事情:

第一,当你看见或感受到一些障碍出现时,首先不要否定和拒绝它们,而是选择面对,邀请它们喝杯茶。

第二,当一些难受的情绪出现时,不要抱怨和害怕,而是让自己停留在那一刻,感受那些情绪,并尊重它们的存在。

第三,当这些障碍开始让你回忆起曾经受过伤害的事情,并且再次将你带回到那种感受中,让你变得脆弱不堪时,千万不要生自己的气,不要让自责与内疚困扰你,而是对它们说:"是的,是这样。"

第四,当你与这些障碍相处时,会有所不适,甚至感到从未有过的混乱,你可能无法思考,有种迷失感。这时你能做的就是保持深呼吸,然后与之分离。障碍如同你手中拿着的一个杯子,不论它多大,你都可以驾驭它。你可以对"杯子"说:"欢迎,你的到来是有意义的,一些内在

第二章 带着对孩子的爱，打开自己封存已久的童年记忆

的部分正在苏醒，谢谢！"

第五，如果这个"杯子"开始黏着你，你依然需要保持呼吸，放松身体，然后友善而坚定地与之告别，放下它。

第六，当你告别障碍之后，心里会感到空荡荡的，不知所措。不必疑惑，只要坚定不移地继续前进，不要回头留恋，你就会获得一份更适合你的新礼物……

这些信息犹如一束光从郝的头顶射下，进入郝的全身，就像内在升起的太阳，照亮了他，也唤醒了他。

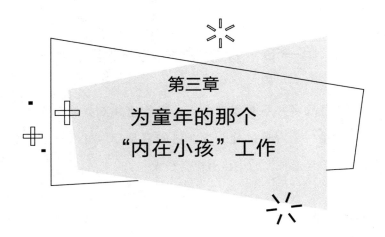

第三章

为童年的那个"内在小孩"工作

相比长大的自己，那些未被疗愈和转化的童年伤痛被称为"内在小孩"。当现实中遇到一些与童年创伤类似的事情时，"内在小孩"就会替代当下的自己，心理退行就会发生。

内在成长的第一步，就是学会向内看，看见自己还未成熟或者被卡住的地方。这是一种接纳自己、爱上自己的行动，每个人都有机会为自己工作。

第一节　探索生命，发现自己

一些故事并不只属于个人，痛苦也并不只属于个人，那可能是一个时代的痛。你能做的就是疗愈并重建自己，让那个曾经未长大的小孩有机会长大。

家族能量的延续

归属感意味着位置，你在家族系统中是否有一个适合自己的位置，这非常重要。探索家族系统的能量对自我发现有着巨大的帮助。

《茉莉花开》这部影片借助茉、莉、花三代女人的情感

第三章 为童年的那个"内在小孩"工作

故事,向我们展示了家族能量的延续。

故事的开篇,是在二十世纪二三十年代的上海,有一个经营照相馆的单亲家庭。十八岁的茉,天生丽质,虽与母亲生活在一起,但她们心理上非常疏离。茉对未来生活充满了憧憬,并梦想着寻找一个能够让自己有归属感的地方。一个偶然的机会,茉认识了电影公司的老板孟。

在孟的包装与操纵下,茉一夜之间成了风光无限的明星。茉以为自己从此找到了一个如同父亲般的怀抱。很快,茉怀上了孟的孩子。可是不久,战争爆发,茉被孟抛弃,同时也失去了明星的地位与光彩。她被迫回到母亲那里,生下私生女,取名叫莉。

莉很小就目睹了外婆被骗后自杀的情景,与母亲茉的心理关系也异常疏离。长大后的莉一心要离开这个阴冷无爱的单亲家庭。后来,她认识了长相英俊、出身良好、工作积极的水泥厂工人郭杰。莉怀着一份强烈的归属感来到郭杰家中,两人闪婚。

由于家庭文化的巨大差异,以及从小没有安全感的心理状态,莉发现自己在丈夫的家里无法生活,内心渴望归属感的梦破灭了。无奈之下,莉选择回到母亲家中生活,她的丈夫随后也住了进来。莉与丈夫都希望生个孩子,感受真正的家庭生活,但她不能生育。为了满足做母亲的渴望,她从福利院抱养了一个小女孩,取名叫花。花成为家庭的中心,享受着父亲给予她的爱。但莉对生活极度不满,成长的经历使她精神分裂,她甚至怀疑丈夫对女儿做了不该做的事,致使丈夫无法承受,卧轨自杀。莉在悔恨中绝望地追随丈夫而去。这是二十世纪五六十年代的事,当时花十二岁。

之后,花与外婆茉生活在一起。在"上山下乡"期间,花结交了男友杜。结婚当天,杜就离开花去上大学。花承担了所有经济与生活的压力,卖命挣钱供丈夫读书。花以为付出了一切,就能获得那份属于自己的爱。然而,杜在大学毕业后却决绝而去,随另一个女子去了日本,此时的花已经有孕在身。

花在大雨滂沱、无人救援的深夜,独自躺在街边,艰难而勇敢地产下一个女儿。二十世纪八十年代初,花依旧独自带着女儿……

故事本身伤感、压抑,色调灰暗,但同时,又让人隐隐看到了希望。故事的主人公都在努力走出家庭能量的复制,希望透过接纳自己的生活,改变这一切。

当你能够用旁观者的角度看待自己的成长时,就能体会到原生家庭对成长的影响。大多数人看似成人,内心却充满了孩子般的无助。影片中,花受着莉的影响,莉又受着茉的影响,茉也不例外。生命能量的复制,让许多人无法真正成为自己,你越是讨厌父母的某些行为,就越会继承它。这样的能量复制如同魔咒,让一代一代的人背负着原生家庭的重担,艰难前行。

接纳父母,接纳家族系统

接纳是生命转变的开始,想想属于你的那张生命蓝图,是你选择了这样的父母,以此来成就自己。这时,接纳父母与家族就成了你意识扬升的必要工作。

面对父母,你首先要明白,他们的童年如果幸福,就一定不会给你一个不幸的童年。

同样,如果你的内心丰盈,你就不会再抱怨父母于无意识中对你造成的伤害。当父母给予你生命,并承担了十八年的养育,无论这养育的质量如何不尽如人意,你都可以在三十岁之后重新完成自我创造。因为创伤也是财富。

一位女企业家,非常努力地用自己的财富改变着整个家族,尤其是自己母亲的命运。父母多年不和,她深知母亲的痛苦。她成功后的第一个想法,就是帮助母亲过上她认为的好日子，但母亲并不接受。多次改变失败后，女企业家对父母、对家族产生了更大的愤怒。她如此辛苦付出，就是为了让母亲离开父亲过上好日子，但整个家族没有一个人对她表达感谢，反而抱怨她太爱操控。

如果你懂得角色扮演的家庭治疗技术，就很容易帮她呈现并还原她与父母之间的关系。她站在父母对面，感觉自己比父母强大很多，无论是才能还是金钱、地位，她已经远远地超越了父母。于是她想改变和重新创造与父母的关系，正如她想重新为自己选择一个童年一般。但这让她负重太多，身体也变得僵化。

站在她对面的父母并不因她的想法而感到高兴，相反，父母很反感，也很无奈。

如果女企业家试着调整自己的位置，站在父母身后，并且从父母中间走向前，转身对父母说："你们创造了我，你们大我小。我感谢你们将我带入这世界，我会好好生活，同时也尊重你们的命运。"然后转身面对自己的前方。这时，她的父母体验到了被尊重和接纳的感觉。毕竟，每个人的命运都把握在自己手中，谁也无法改变别人的命运。

接纳不等于喜欢

每个人都毫无例外地生活在家族历史的长河中。历史的美妙就在于它曾经真真切切地存在过，也彻彻底底地影响着每个人的今天。

无论成功还是失败，快乐还是悲伤，辉煌还是平淡，都铸就了丰富的历史。所以对于家族历史，我们不是要停留和沉醉其中，而是要接纳和理解。这种接纳，绝不是陷入其中，不能自拔，而是重新尝试与我们的生命力，乃至家族的生命力做联结，并且试着用我们潜在的智慧，让生命发生蜕变。

也许你的头脑已经明白，但在感受层面依然未变，这让你的内在冲突更加强烈。真正做到全然的接纳不是一件简单的事情。

人们通常认为"接纳"就是"喜欢"，因为不喜欢，所以不接纳。一位女士曾经问我："我的父亲对我和我的母亲的伤害实在太大，我恨他还来不及，又怎么能做到接纳和感谢他？"

是的，你不喜欢自己的父亲或者母亲，但他们就是那样的存在，并将你带入这存有的大门。如果你认为自己的到来就是个错误，那你太轻看自己了，你可以先试着对自己说："我存在于这个世界，是因为这个世界有我的位置。"

许多事情，不是因为喜欢才要接纳，而是因为它们有存在的道理，它们就那样真实地存在着。

在这个包罗万象的世界中，人们处在不同的意识层面，即使是一家人，也会有不同的价值观。以自己的方式尽力生存，是一种爱，也是一种责任。

第二节　联结滋养心灵的能量

当你开始面对自己的匮乏感时，你就需要新的能量来支持自己完成自我重建的过程。

与身体联结，调养身心

藏文化中有这样一句话："你会说话就会唱歌，你会走路就会跳舞。"

身体作为生命的物质载体，每时每刻都真实地反映着我们的内心世界。这种反应通常是一种无意识的状态，例如，内心恐惧的时候，身体会不由自主地收缩；内心快乐的时候，身体会逐渐放松；长时间处在愉悦中，身体看上去就会很舒展。这种表现在儿童时期更为明显，因为孩子的生命更为敏感、更具灵性。

通过身体来表达内在的感受，会发现能量深深地储藏在生命中。如今流行的瑜伽、现代舞等，都是在强化身体与心灵的关系，倡导通过调整体态和呼吸，寻找生命的灵性。在瑜伽哲学中，人的修为和净化可以分为五个层面。

第一层是身体层的训练。通过变化体式，配合完整而通畅的呼吸，让身体变得柔软、放松与协调，以此达到内在气血的通畅。

第二层是能量层的训练。能量在东方文化中被称为"气"，即一呼一吸。呼吸训练可以联结你内在被压抑的情绪，并且帮助你很好地释放情绪垃圾。

第三层是心理层的训练。透过上两层训练，心理感受的部分也会被打开，认识自己的体验也会逐渐发生。

第四层是智慧层的训练。经由冥想开启内在更深的觉性智慧。

第五层是喜乐层的训练。这是一种合一的状态，也是瑜伽真正的含义，与自然万物合一。

而舞蹈也有同样的功用。美国现代舞的先驱伊莎多拉·邓肯（Isadora Duncan），更是将舞蹈看作表达灵魂、洗涤心灵的一种活动。

  邓肯的舞蹈基本是即兴表演，她用舞蹈寻找着古希腊时期人们的精神生命和艺术审美。很多时候，她独自一人静静地站在工作室，好几个小时一动不动，只是为了等候闪现的灵感，然后用肢体动作表达生命中的那份神性。当有人问她是谁教给她跳舞的时候，她在回忆录中这样写道："是舞蹈之神教我的。我能够站立时就会跳舞了，我一生都在跳舞，全世界的所有人都应该跳舞。过去如此，将来也会是这样。有些人试图阻止，他们不想去了解。大自然赐给我们这种自然需求，是无法改变的事实。"她还谈道："在上台表演之前，我必须在灵魂深处凝聚一股力量，当我有了这股力量，我的手、脚乃至整个身体便会自然舞动，不受我的意志所控制。如果没有足够的时间在内心凝聚这股力量，我是无法上台表演的。"

  联结你的肢体，自由大胆地舞动。没有别人的评判，没有自己的否定，没有好与不好，没有可以与不可以。与自然、流动、真实的身体去联结，并让这一切与自己的灵魂融为一体。生命就此进入身心合一的完整状态。

与音乐联结，滋养身心

身体需要每日进食，心同样需要补充能量，提升心力。心力的强弱关系着生活的方方面面，"心有余而力不足"，会让许多机会从你身边溜走，这就是为何同样的环境会让个人成就不同的事业。

一个三岁的孩子反复听着贝多芬的《欢乐颂》，眼里充满了灵性，专注而宁静的脸庞带着深深的爱意，仿佛生命就畅游在音乐深处。在一遍又一遍的体验中，音乐滋养着孩子的心。

音乐是生命的一部分。在所有的疗愈工作中，音乐发挥了相当大的作用。音乐之所以能有治疗效果，在于人体是由许多有规律的振动系统构成的。大脑有电波律动，心脏有跳动频率，肺脏有收缩规律，肠胃的蠕动和自律神经活动都有一定的节律。当一定频率的音乐节奏与人体内部各器官的震动节奏相一致时，就能使躯体发生共振，产生心理上的愉悦感。人的感受最适应每分钟 70～90 次的节奏，这正与心脏的跳动频率相接近。当然，生病时体内节奏处于异常状态。选择相应的乐曲，其产生的和谐节奏，可使人体的各种振频活动更加协调，有益于患者恢复健康。

音乐就像生命律动的"调节器",虽然只有七个音阶,却可以奏出美妙动人的乐章。舒缓压力,静心安神,愉悦身心,甚至达到调节左右脑平衡的效应。

很早以前,有一个疗愈性的课程叫作"怒放的生命"。这个课程以汪峰《怒放的生命》为主旋律,鼓励人们为自己无法绽放的生命呐喊,以释放压抑的情绪和创伤带来的痛苦。

相比《怒放的生命》这种较为大众的音乐形式,意大利著名男高音安德烈·波切利的歌声具有更好的疗愈作用。作为一位较冷门的古典歌手,他曾经说,他的歌声是为了祈祷,他希望所有人和他一起用歌声祈祷。他是一位盲人,用歌声表达着自己,也用歌声让全世界都认识了他。

音乐就是这样,用不同的旋律和不同的振动频率滋养和疗愈着人的精神世界。

因此,在不同心境中,你可以选择不同风格的音乐来与自己的内在共振。如果在生活中习惯用音乐滋养自己,就一定可以感受到它神奇的作用。

与冥想联结,净化身心

相比十年前,冥想已不再是一件陌生而神秘的事情。

第三章 为童年的那个"内在小孩"工作

世界五百强企业钟爱它,瑜伽爱好者钟爱它,欧美校园也开始钟爱它……在"靛蓝纪"的大小活动中,大家同样有机会体验到冥想的力量。

营地活动中,孩子们陆陆续续地进入教室。冥想老师早已安静地守候在那里,双腿盘坐,双手轻放在双膝上,全身放松,静静地等待着孩子们的到来。之后,老师说明规则,开始用不同的方式让孩子们体验静心冥想。

起初孩子们不太习惯,安静让他们感到无聊。渐渐地,在老师多种方式的引导下,孩子们开始体验静谧之心。他们尝试数自己的呼吸,或者聆听一种美妙的钵声。有时候,老师也会轻声引导:

"让你的双手安静下来,让你的全身安静下来,让你的心安静下来……"

"一起感受教室的安静,你能在安静中听到怎样的声音呢?"

"请带着这样的安宁,开始一天的工作。"

……

这就是孩子们最初的冥想。

冥想的第一个益处就是让你在纷乱复杂的生活中,拥有片刻的出离心。小我的特点是认同,而有效的冥想恰恰是为了让你从小我中短暂出离，然后认清小我的模样。如此，你才不会认为那个每天都心浮气躁的你是真正的你。

冥想的第二个益处就是打开心扉。在这个竞争激烈的时代里，你有多少时间可以与他人打开心扉去交流和相处？心如一扇门，时间久了不打开，就会生锈。而生锈久了，你自己都会麻木，不去关心门外有什么。有效的冥想练习，会让心逐渐变得柔软、敏感。打开心门，有意识的情感才会流出，真、善、爱、美才有可能一一呈现。

冥想的第三个益处是体验定静。大部分人起初进入冥想状态都会容易焦躁昏沉，头脑里纷乱的信息让人很难体验安宁。但这正是需要练习的部分，纷乱不能让你清醒，更不能让你认识自己的选择与判断是否正确。只有在定静中，你才有机会辨识哪些念头是来自小我的贪婪、虚荣与恐惧，哪些是来自内心的正念。定静可以带来智慧，而智慧可以让你的自性生根。

与自然联结，敞开身心

自然与人类之间，有一种能量的交互。当你能够身处当下，与头脑里的念头分离，保持呼吸，放松心情，

第三章 为童年的那个"内在小孩"工作

打开感官,让自然重新进入你的视线,然后联结它,你就会感到自然正在散发出养分,而你可以源源不断地吸收。

要想让自然成为你成长的养分,你需要安住于此时此刻,让自己与自然同在。逐渐,你会将自己与自然调至一个"频道",你的能量场与自然的能量场开始发生联结,随着你的能量趋于稳定,两个能量场之间会发生能量交汇。简单地说,你的能量场中的气开始与自然中的气发生流动交汇,你可以借此吸收自然中的天地元气。

如果你掌握了这样的能力,就会发现自己与任何场域都可以发生能量的交汇。比如,你还可以和一个很美的艺术空间中的一件艺术品、一首音乐、一幅字画之间发生能量的联结。

伟大的哲学家克里希那穆提在他的日记中说,当你身处当下观察一棵树的时候,你会看到树叶在发着金色的光。所以,要训练自己身处当下的临在力(有觉察地安住于当下的能力)。带着这样的能量去创造空间,空间就会因为你而发光;去创造关系,关系就会借助你而改善;去创造生活,生活就会经由你而美好。

第三节 做自己的观察者

镜子的发明,让人们拥有了看见自己的机会,但镜子无法让人看见自己的心。如果有一面镜子可以让你看见自己的心,你就不难看到自己人格中的障碍。觉知力的提升,会让你内在的观察者醒来,如同一面镜子,观照你的起心动念、一言一行。这就是意识之光赋予人类的内在智慧。

成长就是借用这样的智慧,让你学着成为自己的生命专家,了解和观照自己的心,避免误入歧途。

看见"内在小孩",允许并等待他长大

很多成人身体长大了,心理却仍未长大。巨婴本是指人类心理中有种退行和固着的防御机制。退行是指个体遭遇挫折或应激时,心理功能回到早期发展阶段,采用较为幼稚的方法应对的一种心理防御机制。固着是指个体的力比多(libido,性力,泛指一切身体器官的快感)或内驱力部分地停留于某一较早的发育阶段,不随年龄的增长而发展的现象。人多少都会出现这样的状态,比如,当你遇到

第三章 为童年的那个"内在小孩"工作

一个权威的时候，瞬间不知所措，退行到了孩童状态。但如果这样的状态成为一种常态，就会固着。那些对父母、对伴侣、对群体的过度依恋、控制，都是退行的表现。有些人遇事或者谈及稍微烧脑的话题就想睡觉，这就正如孩子遇到困难要睡觉一般。

当越来越多的人意识到这些，并觉察到自己也正是这样的时候，改变就会发生。这也许就是当今心理学盛行的原因。

当然，在快餐社会，一切看效率、看结果，人的价值在提高效率和创造结果中得以彰显。处在这种快节奏的旋涡中，大多数人更习惯用快餐思维看待成长，在一种高度焦虑的生存环境下为自己设定了一个又一个成长目标，就如同设定财富目标一样。对于成长来说，这是幻象。只想用三天时间去解决三十年形成的心理模式，这本身就是问题。

万事万物都有其运行规律，也需要被尊重。秋天的树叶落了，只为春天新的树叶可以发芽。如果你渴望成长，就需要对自己多一些耐心。养育"内在小孩"如同养育自己的孩子，你要满足孩子的需求，解决他面临的困难，在耐心和爱心中等待他长大，这是做父母唯一能做的事情。

你不能脱离规律,拔苗助长。

直面你的内在情绪

每个人的内在都充满情绪,只是不同的人对情绪有不同的处理方式。

情绪脑的发展是在人生的前六年,所以你当下的情绪习惯与模式,与童年有着直接的关系。出于本能,人类的基本情绪有恐惧、愤怒、悲伤和喜悦。在这些基本情绪之下,依据不同的成长环境与人格特质,人类会呈现出更多的混合情绪和精微情绪。

在你不高兴的时候,只要你稍加觉察,就会发现这种不高兴是混合了悲伤和愤怒的情绪;在某人对你充满轻蔑态度时,你会觉察到厌恶和愤怒的情绪同时存在。

除了一些混合情绪之外,你还会体验一些延伸情绪,比如长时间被压抑的愤怒会延伸出敌意,而长久的恐惧会产生焦虑。这些延伸的情绪在孩子十岁左右会逐渐呈现,尤其是受生存环境以及人格发展的影响,一些青春期的孩子已经将这些情绪模式化。

十岁的秀秀从出生就和爷爷奶奶一起生活,奶奶将自己全部的希望寄托在秀秀身上。五岁时,秀秀开始学习钢

第三章 为童年的那个"内在小孩"工作

琴、独唱、朗诵……随着年龄的增长,各种课外补习班越来越多。这一切并非秀秀所愿,但奶奶态度强硬,秀秀无法对抗。在十岁这年,秀秀回到父亲身边。

父亲很温和,但有时候也很冷漠。由于父亲重组了家庭,秀秀总是感到在父亲的家中没有自己的位置。为此,她对父母有许多无法表达的愤怒,在长期压抑的愤怒之下,敌意产生了。这种敌意统一指向成人,她觉得成人不可信,成人都在伤害她,她是个受害者。接下来,她将这种敌意传递给了弟弟。

带着这样的情绪长大,一些信念模式就会在脑海中根深蒂固,"世界上没有信任可言!""你真的对我好吗?""你想干什么?"

类似这样,多种多样的情绪混杂在一起,并以一种防御机制的方式成为人格的一部分:愧疚、自责、罪恶感、嫉妒、抑郁……

学会认出它们,并且透过它们看见那个受伤的自己,就拥有了自我疗愈的机会。

一位伤痕累累的母亲,认为是自己造成了孩子的不完美,她无法原谅自己。带着这样的意识,她用尽全力养育孩子,内心却充满挣扎。有一天,她意识到这一切并不是真正的爱，而是一种补偿心理，即想通过补偿来减轻自己的愧疚感。发现这些后，她渴望宽恕自己。但原谅自己真的不容易！

在一次心理治疗中，她彻底释放了自己的深层情绪，歇斯底里地痛哭了很久，愤怒、恐惧、悲伤、痛苦，似乎都从生命的最深处被释放了出来。直至最后，她都不知道自己在释放什么情绪。这些情绪在体内积压得太久太深，那个"内在受伤的小孩"出现了。

这个在童年没有长大的心理上的"小孩"，正是她生活的制造者。

"我原谅自己那个'内在受伤的小孩'，不再对抗。"一个声音在她的内在出现，她泪流满面。她体验到了一种自我宽恕的力量。她明白，只有原谅自己那个心理上尚未长大的孩子，并且真正爱上她，才能体验爱上自己的感觉。

面对自己内在的批判家：

"我怎么这么糟糕？"

"我真是道德有问题！"

"当时我要不那样做就好了……"

你会进行自我攻击，产生"我恨我自己""我是不好的"等想法。

这时，你有两条路：一条路是将自己固着在这种情绪中不能自拔，这意味着"不原谅自己"的情绪始终禁锢着你，伤害着你的身心，影响着你的生活；另一条路是觉察自己，觉察谁是你生活的真正制造者。当你觉察到那个主导着自己现实生活的"内在小孩"时，你就会给予自己最大的原谅，给予自己爱和能量。

学会认出自己的情绪，看见这些情绪背后隐藏的事件和创伤，与之分离，观察它们的动向，并选择合适的机会为之疗愈，最终，你会从情绪之中获得内在的力量。

直面伤痛，看到它背后的资源

当"潘多拉之盒"被打开的瞬间，你会看到自己内在被压抑许久的伤痛。你既不想面对，也不想接纳，总想将它们深深地埋藏或试图遗忘。但是，你越是躲闪，它们就越是想篡夺你生命的"王位"。这样的困境，就发生在秋身上。

秋的美丽和能干，让很多人为之赞叹。从小，秋的优秀表现，就是父母满足自己虚荣心的资本。而他们对秋的不断要求，取代了对秋的真正关爱。没有爱，只有为满足要求的不断努力，秋的人生，外强中干。成年以后为人母亲，她越来越发现自己内在的脆弱。当她想起父母对待自己的方式，内心就会特别脆弱、无助，觉得自己孤立无援，这导致她对父母产生抱怨。但抱怨之后，她又很内疚。冲突让她内耗不断，并产生新的痛苦。

与秋有共性的人很多，伤痛成了生命的一部分。假如你能从中寻找到资源，那个内在的转化就会来临。

一旦伤痛得到转化，你就能从伤痛之后收获礼物，从苛责背后看到善意。比如秋，她拥有比别人更强大的承受力。

所以，如果你能将注意力放在如何转化上，"我感到心痛，曾经被伤害过的一份心痛，现在我想请你（这份心痛）来到我的怀抱，我用我三十七岁的生命给予你爱抚"，那么，"内在受伤的小孩"就会受到滋养，你生命的蜕变就会慢慢发生。

自我疗愈可以归纳为简易的四步：

第一步，面对时常到访的创伤感说"欢迎，欢迎"；

第二步，对这份创伤说"这是有意义的"；

第三步，接纳它，"是的，是这样的"；

第四步，对它表达感谢，说"谢谢"。

经历疗愈与转化之后，你会深刻体验感恩的力量，那些曾经的伤痛会让你明白，没有它们的出现，你怎会有今天的强大和成就？

你创造了生活，而非生活创造了你

花花的生活在四十岁的时候完全沦陷。

从三十五岁开始，花花接二连三地面临生活中的危机。先是在万般痛苦中结束了自己长达十五年并充满暴力的婚姻，然后经历母亲癌症离世，之后经历青春期儿子的严重叛逆，最后是与单位领导发生矛盾被推倒致伤。一系列的事情，让这个四十岁女人的生活变得像一团乱麻。

我问花花："你觉得是生活造就了你，还是你创造了自己的生活？"

花花回答："当然是生活让我变成了现在这个样子。"

我接着问："那么你需要改变生活，还是改变自己？"

花花说："怎么改变自己？当然是要改变生活了……但改变真的太难了。"

太多的人都抱着这样一种想法，那就是痛苦来自于生活，而生活是由他人或者其他外部因素创造的。但事实上，痛苦源于你自己的内心，是你的心念创造了自己的生活。如此，你需要静下心来，重新看待自己。

如果你稍稍有些觉知，可以借此觉察一下，在这一千个杂念中，你是否在抱怨自己的生活和身边的人？在《不抱怨的世界》一书中，讲到了我们头脑中这些消极且抱怨自己、抱怨别人、抱怨环境、抱怨世界的念头与语言模式：

是别人让我成了今天这个样子；

是环境阻碍了我去寻找幸福；

是可恶的生活让我承受着如此多的痛苦……

当你陷入这样的信念，内在就会向外在发射一个相对应的负面信息。正是这个负面信息在创造你当下的生活，并且吸引有着相同的负能量的人和那些令人痛苦的事情进入你的生活中。也许你觉得这是个"鸡生蛋，蛋生鸡"的问题，但带着觉知你会发现，当你有一个很好的念头时，它会显化在你的生活中；同样，你的坏念头，也会显化在你的生活中。

我们希望你做的，不是让积极意识覆盖负面想法，而是转化负面想法，并且让这个转化能够进入你更深层次的生命觉察中。

自我觉察从一呼一吸中开始

谁能够离开呼吸？如果用一个词形容正常而平稳的呼

第三章 为童年的那个"内在小孩"工作

吸,那一定是"深长"。但现实中,大多数人的呼吸都很短促,甚至习惯性屏息。更糟糕的是,人们对这种状况毫无觉察。呼吸是维持身体各组织器官新陈代谢的基本条件,如果呼吸不顺畅,身体机能就会受损。而这个问题很有可能从孩子小时候就已经开始了。

婴儿的呼吸,是一种深长、稳定的腹式呼吸,气息进入腹部,然后充盈全身,这使得孩子百脉俱通。但随着孩子逐渐长大,成人习惯用指责、威胁、恐吓与情绪化的方式对待孩子,使孩子的情绪处于紧张与恐惧中,导致无意识地憋气屏息,身体收紧。又或者在长期担惊受怕中,短促的呼吸仅仅停留在胸部,让内在的能量无法流动。

于是,身心调适的工作都会从观察并解决自身的呼吸问题开始。

很多智者强调观照呼吸,往内吸气腹部就胀,往外呼气腹部就扁。观照你呼吸时的腹胀腹扁,思想自然就会专注在这个动作上了。如果我们不注意的话,还是感受不到呼吸。所以你可以用手摸着自己的肚子,吸胀呼扁。

这种呼吸方法,是促进人类很多活动发展到高水平的一个重要因素。例如,一位出色的舞蹈演员、一名优秀的运动员、一位充满智慧的思想者……他们的生命状态都与良好的呼吸密不可分。

当你能够体验呼吸如何在身体里运行，又被什么卡住了，你就会越来越熟悉自己的身体。

第四章
放下童年,带着觉知再看孩子的成长

觉知意味着你处在一种有意识的状态中,你知道自己在说什么、做什么。当你看见并接纳了童年的自己,一种崭新的养育视角就会展开。孩子还是那个孩子,但你对他成长的认识却完全改变了。

第一节 对孩子说"我与你的生命联结在一起"

透过发现自己去发现孩子

经历了发现自己、探索生命的过程,你可能开始用新的视角观察这个时代的育儿方式。在探索中,无须评判,你会发现并走进孩子的精神世界,探索更适合孩子生命成长的方式。

直至今日,许多家庭基于各种生活、工作上的原因,依然会把孩子放在爷爷奶奶、姥姥姥爷家里,或把孩子放到全托幼儿园里。尤其是独生子女家庭,孩子是舞台中的唯一主角,所有的聚光灯都射向了他们。一方面,他们享受着物质生活上的丰盛,另一方面,又困惑于精神世界的无助。父母没有走进孩子精神世界的能力,而老人也只能尽最大努力照顾着孩子的身体，孩子的心理与精神需求总是被忽视。

对此，你可能有一万个理由对孩子说："我这样做都是为了你好。"而孩子只会不断地质疑："为什么父母不选择和我生活在一起？为什么父母不懂我的内心想法？为什么父母不能理解我的感受？"

毫无疑问，绝大多数父母，都把孩子当成"心肝宝贝"，但他们所做的事情，却给孩子的心灵留下了莫大的伤害：孩子的心没有归属，无数次承受着被抛弃的感觉。现代社会，孩子被送人的事情越来越少，但是父母情感不成熟，面对孩子不知道如何用内在生命去联结，由此造成的情感疏离依旧让孩子有被抛弃的感觉。今天的孩子，精神世界更加细腻、精微与敏感，这样的生命，还怎能用曾经的育儿方式来养育和教导呢？

今天的孩子，更多的是渴求生命的滋养。孩子需要心灵的关注，需要与父母有内在生命的联结。在这个生命的联结中，孩子会经历一种真切的归属感，并逐渐学习建构自己。但有多少父母了解孩子这样的需求并很好地满足了他呢？

爱，是否还停留在旧模式中

"这孩子怎么这么烦呢！"很常见的一句话，却透露了父母内在的焦虑。

齐齐妈妈非常爱齐齐，对他的照顾可谓无微不至，对他成长的关注可谓时时刻刻。为了让齐齐上一所好的幼儿园，她不辞辛苦，四处打听，了解各个幼儿园的情况。终于看上一家幼儿园，并立刻把家搬到了幼儿园附近。

在齐齐入园后，妈妈总会积极主动地和老师交流。能看得出，她真的很爱孩子。但齐齐妈妈总是执着在"齐齐很黏人"这个问题上，不断追问老师，孩子为何还不能独立？

这个问题同样让许多妈妈很焦虑。

在孩子的成长过程中，与父母联结是孩子的心理需要，如同孩子需要进食才能够让身体长大一般。联结父母的心，正是孩子有勇气走向独立的燃料。父母缺乏与孩子联结的能力，又不断期待孩子尽早身心独立，这会导致孩子在没有获得充足心理养分的情况下，就被推出了父母的怀抱。那些原本正常的心理需求就变成了一种匮乏感，黏着父母的意愿就会更加强烈。简单地说，孩子越得不到，就越

第四章 放下童年，带着觉知再看孩子的成长

渴望。

六岁的小小乖巧、懂事、守规矩，在受到尊重与关注的环境下，他渐渐呈现放松的状态。突然有一天，他兴奋地跑到自己喜欢的老师面前，摸老师的胸部，好像打招呼一般。这一行为，把一群未婚女老师和小小妈妈都吓了一跳。

七岁的文文，经历一年的心理调整后，也逐渐放松了。他和小小呈现出一样的问题，那个看上去听话、懂事的男孩，内在未长大的种子开始萌芽。第一个反应，就是对妈妈的胸部产生好奇和依恋。

他不断问妈妈："为什么我不能使劲动你的乳房？"

妈妈告诉他："这是喂养小宝宝的地方，它神圣而柔软，所以我需要呵护好它，而你也需要呵护好它。"

于是他伸出手轻轻地触摸妈妈的胸部，就像回到了婴儿的状态，一种曾经未被满足的渴望，再一次被有意识地满足。

曾经未在母亲那里获得足够爱的孩子，一旦体验到被爱的感觉，缺失的部分都会重来一遍。

作为妈妈或者老师，最需要做的就是淡定自如，不尴尬、不担忧、不紧张。你只需要告诉孩子："每个女性的乳

房,都承担着孕育的使命,我们能做的就是保护好它,并且尊重它、感谢它。"在满足孩子好奇心的同时也教给孩子如何正确地看待女性的乳房。

渐渐地,孩子可以清楚地知道自己与别人的界线,并坦然说出自己的需求。

一个生命的成长非常不易,而要建构起自我更不易。尤其是孩子在重新建构自己未曾长大的部分时,父母要允许并帮助孩子完成这项工作。之后孩子就会懂得你、我,男孩、女孩,男人、女人之间的界线。有了这个界线,内在那份对自己、对别人真正的尊重也就产生了。

我为何而来

在美国影片《雨果》中,小主人公要去寻找自己的亲生父母来证明"自己是谁"。他的好朋友说:"世界就是一部机器,每个人如同机器中的一个零件,而每个零件的存在都自有它存在的价值。"一旦这样的信念稳固地建立在孩子的内心,孩子将不再渴求从别人那里获取能量,因为他知道自己是谁。

对出生的好奇,是孩子对生命来源的最初探究。一般在四五岁的时候,孩子会明显出现"出生敏感期"。在这个阶段，孩子开始询问自己从哪里来，并且一遍又一遍地问。

面对这个问题，许多父母很难坦然地告诉孩子："你是我们爱的结晶，你的生命很珍贵。"因为真相难以启齿，父母往往一带而过。而对于孩子来说，早期的羞耻感就来源于此。

李少红导演过一部影片《恋爱中的宝贝》，片中女主角不顾一切，疯狂地爱上了男主角。

影片一开始，自称宝贝的女孩在读自己写下的一篇文章——《关于我的出生》，其中清晰地描写了自己出生的那一夜，被丢弃在垃圾站里的一幕：在风雨交加的街头，一个无助的婴儿大声啼哭着。突然，镜头中迎面扑过来一只硕大无比的猫，似乎要一口把这个婴儿叼走。

想象一下，那一刻，这个婴儿有多恐惧！

对于成人来说，这只是一句玩笑话，但对于孩子来说，体验到的就是深深的抛弃感。

孩子对于"我从哪里来"这件事情非常在意，这关乎着一个人自我价值感的建构。

当孩子问起这个问题时，恰恰是让孩子了解生命形成过程的机会。看着百科全书中胎儿从一个月到出生的每一幅图片给孩子讲解，有的孩子听着听着就会流泪。这时候再让孩子亲眼看见、亲手触摸孕妇，孩子就会对生命的诞生有自己的理解，从此他可能会对生命充满敬畏，懂得怎样爱护自己。

再看孩子最初的成长

"妈妈，我不！"

"妈妈，我想要……"

"这是我的！"

应该有不少父母听过孩子说这些话吧？图图在六岁之前，很少会说这些话。那时的他，一切都按照父母的要求进行，不带情绪，完全顺从，没有自己的想法和需求。如果他说想吃什么零食，想去哪里玩，想买什么样的玩具……只要父母说"不行"，图图都会点头答应。但在图图的表情中，时常可以看到紧张，甚至恐惧。

图图从出生开始，大部分时间由保姆照顾。妈妈严厉而情绪化，在她眼中，听话的孩子才是好孩子。由于爸爸工作繁忙，频繁出差，图图很小就成了那个要照顾妈妈的小伴侣。

在生活中，除了生病不舒服会导致图图情绪失控，其他时候他都会呈现出一副特别听话的模样。他从不拒绝别

第四章 放下童年，带着觉知再看孩子的成长

人，也从不指定某些东西说："我的。"

六岁那年，图图进入了一个崭新的成长环境。在新环境中，图图体验到被接纳、被爱的感觉，用他的话来说，这是一个充满友善的环境。他开始变了，用攻击别人的方式试探别人对他的态度，并且时常不知缘由地爆发强烈的情绪。接下来，"我的"和"不"成了他的口头禅。

有的时候，因为某件很小的事情，他就会无理取闹地哭闹，一发不可收拾，直到精疲力竭，借此宣泄过去压抑下来的情绪。

接着图图开始提要求，试探大人的态度，并尝试用一种拐弯抹角的方式表达自己的需求。

比如，"我想喝……"他会表达为"我口渴了""我头疼了"。

"我想吃……"他会表达为"我饿了""我身体不舒服"，或者"我猜你不会给我买……"。

他渴望让大人猜出他的需求，并努力让别人"看见"他的想法。这个状态持续了两年。

八岁以后他又有所改变，而这个改变让他出现了一种崭新的状态。

图图会在这样一些问题上与父母交流：

"爸爸，为什么我不知道我到底想要什么？"

"妈妈，我真的很重要吗？"

"爸爸，我不愿意去做的事情你能不能不强迫我？"

"我就是需要你们重视我。"

"我就是不想分享我的东西，难道不行吗？"

当一个孩子开始建构"我"的时候，这些问题就会伴随自我意识的发展而出现。

如果孩子从出生开始就有权利、有机会、有环境做自己，那孩子三岁的时候就能表达自己的需求，四岁的时候就能体验分享的快乐，五岁的时候就能很有力量地接受别人的拒绝以及懂得如何拒绝别人。而自我发展的这一切，对于图图来说，晚了六年。但无论如何，一切又不算太晚！

一天晚饭时，听到爸爸要去盛汤，图图即刻反应："给我留下，给我留下。"看着满满的一盆汤，爸爸惊了一下，然后没有说话，停了下来。瞬间的安静让图图意识到了自己的无意识行为，他放松了呼吸，用调侃的语气对爸爸说道："让我们重新倒带，忘记刚才发生的事情吧。"

这个"倒带行为"意味着自我意识中的反省智能启动了。反省智能也被称之为内省智能，是指通过一些成长练习，人们可以重新认识自己的行为与想法，并可以在后续的生活中去改变它们。"倒带行为"说明图图意识到这个无意识的行为不合适，需要调整。这个调整不仅仅是图图自己的行为、需求，还有他身处的环境。饭桌上的欢乐又回来了。这就是自我意识成长所带来的认识自己的内在力量。

当然，类似的事情还有很多。比如，他会想回到妈妈的肚子里面，回到三岁以前。当妈妈问他，你现在几岁？他会说三岁。说完以后，他会意识到自己的话不合适，又对妈妈调侃说："现在我回到八岁的状态了。"

七岁那年，他拿来一本《重要书》，叫妈妈读给他听。书中写道："雨滴成为它原本的样子，花朵成为它原本的样子，书成为它原本的样子，鞋子也成为它原本的样子。"这些话深深地触动了他的心，他想要像书中说的那样，成为原本的自己。之后，图图告诉妈妈，"这本《重要书》是我成长的见证者"。这是一句多有力量的话！

对雏菊来说，最重要的是它美丽的白色；

对雨来说，最重要的是它湿漉漉的；

那么，对你来说，最重要的是什么呢？

对孩子来说，在成长中发现自己，肯定自己，是一件非常重要的事情。如果图图在六岁的时候没有做回自己，那三十岁后的他会如何？

苏格拉底说，世界上没有两片完全相同的树叶，也没有两个一模一样的人，所以要认识你自己。

老子说，知人者智，自知者明。

克里希那穆提说，教育的本质是让你成为你自己。

因此，为人父母，一要透过认识自己去认识孩子，二要让孩子记得自己、认识自己、成为自己。

第二节　孩子不可缺失的安全感与自我价值感

再看安全感

一位妈妈感到孩子太黏自己，甚至让自己连换件衣服的时间都没有。但事实上，妈妈的陪伴并不少。起初，妈妈坚定地认为是孩子出现了问题，但随着对孩子问题的探索，妈妈发现，其实是自己的婚姻出现了问题。

丈夫回家的时间越来越少，有各种理由的应酬和事务，她感到不安。这和刚开始的婚姻状态完全不同，那个体贴又懂得呵护的男人不见了。原本一直很依赖丈夫，一步也不想离开丈夫的女人，现在要经常独自一人照顾孩子，这让这位年轻的妈妈抓狂。

仔细想来，孩子黏着妈妈的状态，不正是她很想黏着丈夫的状态吗？

孩子有着全然的感知力，在无意识中，他知道妈妈的心理状态。当妈妈内心忐忑不安时，孩子内心也会产生强烈的不安。妈妈是照顾他生活的、最重要的人，这个人如果是不安的、慌乱的，孩子就会担心生活失去保护。面对这样的不安，孩子唯一的选择就是更紧地抓住妈妈。

这位妈妈成长在一个单亲家庭中，生活平淡、有序，但氛围有些冷漠。

有了孩子之后，一种无形的担忧就出现了，她担忧自己的丈夫有一天也会离开自己和孩子。这种心理层面的不稳定感，让孩子的安全感更不易建构。所以，她需要先从自己的心理着手，看看曾经的那些经历如何限制了她今天的生活。

这位妈妈开始觉察自己在童年生活中，是如何经历父母感情破裂的。除了疗愈这个部分之外，她还聚焦于这个经历给她带来的正面资源：坚强、独立。只有这样，才可以让自己在当时的环境中适应并生存下来。

这个过程，让这位妈妈一下子明白，自己一直追寻的，就是渴望归属一个人，并依赖这个人给予她安全感。这正是她对丈夫的期待，但这又是一个难以实现的期待。

探索到这些，这位妈妈就有了一个崭新的决定，那就是放下期待，让自我成长。当她体验到爱上自己的那份力量之后，她明白，一切的安全感就在自己的心中。如此，她也懂得了用怎样的方式给予孩子安全感，那是一种内心稳定而充满爱的力量。这是一个渐渐靠近生命本质的工作，每位妈妈都该去完成它。

自我价值感的建构从自我接纳开始

在父母对孩子的爱中，期待占据了很重要的位置。期待本身是动力，但若过度，就会变成压力。

聪聪在一岁多的时候，出现了感统失调问题，这让他的父母非常焦虑。

后来，孩子的身体状况逐渐好转，但妈妈的焦虑却丝毫未减。在妈妈看来，这会影响聪聪的前途。于是，她把一切期望寄托在孩子的认知发展上，拼命给孩子灌输知识。一两年后，新问题出现了，孩子出奇地喜欢《西游记》，并且时常会自言自语，把自己当成孙悟空。

第四章 放下童年，带着觉知再看孩子的成长

面对这一问题，妈妈做了深入咨询，发现无意识中不接纳孩子，认为孩子有缺陷，引发了她对自己和丈夫的不接纳。

"我觉得自己长相不好，个子有些矮，身材也不是特别匀称。他爸爸也不行，工作上也就那样，看不出有什么大发展。"

这个认识并不客观，聪聪妈妈远非自己所说的那样，聪聪爸爸在一个很不错的单位工作，职位优越，能力出色，待人接物很得体。

当父母不能真正接纳自己时，就很难接纳自己的孩子。看上去是孩子的某个缺陷造成父母的不接纳，但实际上是，孩子的出生把父母内在的问题显现了出来。

露露妈妈也面临着同样的问题："女儿生下来，我有些失望，觉得她长得不像自己想象中那样漂亮。女儿两三岁的时候，我内心真的不接纳她，觉得怎么就不如周围的几个小女孩好看呢。虽然我嘴上也说，露露，你真漂亮，但心里并不这样认为。"

也许露露收到了妈妈无意识中传达的信息，她有些胆小，遇事容易退缩，不敢拒绝别人，也不接受漂亮的裙子。

"妈妈认为我不漂亮,认为我没有周围的小朋友好。"如果一个孩子不断地从妈妈那里接收到这样的信息,你能想象孩子的感受吗?

为此,露露妈妈开始反省自己的做法,重新看待自己的女儿。

露露四岁生日的时候,妈妈认真地告诉女儿:"露露,不管你穿不穿裙子,你都是公主,妈妈觉得你很好,在妈妈眼里你是最漂亮的。"

第二天早上,女儿起床就问妈妈:"妈妈,你真的觉得我很好,很漂亮吗?"

"是的。"这次妈妈态度明确。

"我也觉得我挺好的。"女儿看着妈妈说。

从那以后,露露妈妈发自内心地欣赏女儿,也真切地感受到了女儿身上无数的优点和美好。"我的女儿像花儿一样,多美好的生命呀!"

从那之后,露露也变了,变得自信活泼,会主动提出买裙子。她开始欣赏自己,并自然呈现出孩童天然的审美需求。

当你敞开心扉,发自内心地真正接纳孩子、欣赏孩子的时候,孩子就能接收到从你心里流淌出的能量。

第四章　放下童年，带着觉知再看孩子的成长

自我价值感的建构，是孩子一生最为重要的部分，它会让孩子呈现出一种健康的人格状态。从最初获得父母的认可和接纳，到自己有客观的自我认知，再到可以坦然接受他人的评价和建议，这个成长过程需要很多年。一个自我价值感高的人，能够客观评价自己、他人和整个世界。如此，他不会盲目崇拜，不会过度期待，更不会消极对抗。

瑞瑞一直不愿意出去理发，他只接受妈妈给他剪发，但妈妈给他剪的头发总是长长短短不整齐。有一次妈妈给他剪完之后，发现后脑勺的头发参差不齐，有点儿难看。妈妈比较在意这些，于是说："瑞瑞，你看妈妈给你剪得不好看，要不咱们去外面修一修，理发师很快就给你修好了。"瑞瑞不同意，妈妈想尽各种办法哄他："如果不修，妈妈带着你出去，别人会说，你看这个小朋友的头发多难看啊！"瑞瑞当时正在画画儿，回过头来说："妈妈，我不会在乎他们说什么！"

瑞瑞妈妈当时特别吃惊，然后是惊喜。孩子知道自己是怎样的，并不会在意别人怎样看他。

妈妈发现，瑞瑞在其他时候也会坚持自己的态度。

爸爸妈妈带他去爷爷奶奶家，对于爷爷奶奶的称赞、

夸奖，瑞瑞显得特别淡定。妈妈问他为什么，瑞瑞说："我知道妈妈是爱我的，爸爸是爱我的。"妈妈明白，孩子是在表达：我很确定，爸爸妈妈很爱我，很接纳我，我很满足，所以我不在意别人怎么说。

自我评价的练习

自我评价是自我认识的重要一步，考验着你是否能够真正接受自己。大部分人在成长过程中，缺乏自我意识的引导，导致内在建构了一些错误的信念，总认为自己有很多缺陷，在很多方面不如别人，从根本上看不到自己的价值。带着这样的认识，常常容易苛刻地要求自己，也很在意他人的眼光和评价，还会将问题看得过于严重，产生内疚自责、凡事讨好的行为。

一个九岁的男孩，成绩很好，长得也很帅气，可是他总是对妈妈说："妈妈，我觉得自己是班上最不好看的孩子。"当妈妈问他如何看待自己时，他就开始否定自己的一切。

是什么让他无法客观、如实地看待自己？原因很简单，成绩好、长得帅都没有给他带来较高的自我价值，父母离异以及亲生母亲无法亲自养育他的经历，让他感到自己不

第四章 放下童年,带着觉知再看孩子的成长

值得来到这个世界。

如果一个人的自我价值感很高,就可以呈现出自我欣赏、充满活力、富有爱心、一致性、真诚、勇敢的品质,并且能够用这些品质应对生活中的挑战。如果一个人自我价值感很低,就容易产生抱怨、限制、固执、对抗的生活态度。

自我价值感源于自我意识。自我意识比较强的人有如下特点:

首先,喜欢自己,不贬低自己,同样也会喜欢他人和环境,不随意贬低他人和环境。

其次,对生活充满勇气,而非恐惧;不是以受害者的身份生活,而是以创造者的角色呈现自己;不怕拒绝,能够接受拒绝,并且能够客观友善地拒绝别人。

最后,勇于探索,能够敞开心扉和别人联结,而非对抗外部世界,隔离和疏远他人。

从越来越多的90后、00后甚至是10后身上,我们可以明显看到,这是一个自我意识越来越强的时代,而若想推动一个孩子的自我意识成长,营造高品质的环境是非常重要的。

第三节　对孩子来说，爱到底意味着什么

爱，就在一问一答中

傍晚，涵涵和妈妈坐在餐厅的户外餐桌前吃饭。一位年轻的妈妈愤怒地从他们身边走过去，紧接着一个五六岁的小男孩边哭边说地跟随其后："妈妈，我关了，我关了。"小男孩手中拿着一个平板电脑，显然，两人因为是否关平板电脑的问题发生了冲突。那位年轻的妈妈头也没回地愤怒回应："你不走，好，我走！"

八岁的涵涵已经能感受到这个画面背后的危机。他有些同情那个小男孩，并明知故问："他们怎么了？"妈妈随口回复："都是电脑惹的祸。"涵涵沉默了一会儿，突然问妈妈："如果那个小男孩就是不走会怎样？"

妈妈笑答："没有如果，都会走。你知道吗？'你不走，好，我走'这通常是大人的杀手锏。"

涵涵竟然有些执着地说："如果，我说的是如果。"

妈妈警觉了起来，她突然意识到涵涵正在想象自己身

第四章 放下童年，带着觉知再看孩子的成长

处那个小男孩的处境。于是，妈妈深呼吸，保持觉知和中正，回过头来，认真而柔软地说："别的妈妈我不知道，但若是你，我一定不会走。"

涵涵听完，瞬间像一只温顺的小狗一般，将头埋在妈妈怀里，一边蹭着妈妈一边说："妈妈我爱你，妈妈我爱你！"

孩子感知爱的方式，不是在道理和情绪中，而是透过感受去体验爱。当父母读懂孩子的心时，那个爱就被收到了。也许只是在短短的一问一答中，爱已经流动了。

爱，从本能走向精神

曾经看过这样一个故事，一只藏羚羊面对猎人枪口的时候，不仅没有逃走，反而一步步走近猎人。突然，它四肢下跪，双眼流泪，似乎在向猎人哀求着什么。枪声过后，猎人剖开它的肚子，才发现里面有一只小羚羊。可以说，这是母亲愿意为孩子付出一切的最好例证。

这是来自本能的爱，所有的母亲都拥有，动物和人无二。但人类的爱，拥有直指精神的力量。

琛在国外读书，她花了五十多天时间做了一个实验，实验结果却与她的预期完全相反。导师来看她，问："琛，

实验做得怎么样?"琛如实回答。导师笑了笑说:"其实我已经知道了。"导师把琛叫到办公室:"你觉得自己失败了,是吗?"琛点点头。"不,不,不。"导师连连摇头,"我们都认为你做得很好,你很认真,也很专注。""可结果是错的呀!""是的,实验结果是错了,但是我们要看到,我们的研究是在与自然对话,而不是与人对话。如果与人对话,他们可能会向你妥协,为你让步,但是自然却不会。结果是什么就是什么。实验结果和你的预想不同,那是自然给我们上了一课。我们要做的事情,就是继续与自然对话。"导师看看她,继续说,"要想做一个科学家,必须善于面对失败,这非常重要。只有用平静的心情对待失败,才可以说我们真正走上了科学研究的道路。"

  导师与学生的精神交流,让学生懂得一切事物背后的真相与规律。他关注学生的内在感受,让学生在面对失败的时候,不抱怨、不失望、不放弃。如此,琛对这个学科、对人生,都有了更为宏大的认识。

  爱,从本能冲动到精神支持,这就是父母的成长空间。

同理孩子的感受,爱就会流动

  同理是指同理心。感受孩子的感受,理解孩子的情绪。

在体验式练习的课堂中,学员要练习分享自己的内在感受。对于大多数人来说,这不容易。感受是进入内在世界的大门,对于长时间待在外在世界的成人来说,进入未知的内在世界,就会变得充满恐惧。

一位男学员怎么也说不出自己的感受,于是老师捏了捏他的胳膊,问道:"什么感觉?"他回答:"有点痛。"老师笑了:"在前三天里,你们的分享都是来自头脑的想法与分析,而非来自身体和心里的感受。你们很难把自己内心真实的感受说出来。"

好的教育,一定能够帮助孩子清晰地捕捉到自己内心真实的感受,而不是头脑中的一大堆想法。孩子的成长过程,正是建构内在世界的历程,而感受是他们与自己内在世界联结的第一步。所以,当成人熟悉自己的感受时,就能够了解和领悟孩子,并且能与孩子产生共鸣。

每个人的内心,每时每刻都有许多感受,它能让你知道自己还活着。比如高兴、愤怒、焦虑、无助等,但通常你会有一个无意识的限制性信念:"我不能表达自己的感受,不能展现自己的情绪,这很不安全。"如此,时间久了,你就与自己的感受隔离了,进入内在世界的那扇门也就逐渐关闭了,但孩子不同。

有一天，一个两岁半的孩子走到我面前，清晰自然地告诉我："今天我不高兴，我要你抱抱我。"那种身心一致性所散发的魅力令我折服。我们越熟悉自己的感受，就越容易与孩子联结。

一位老师认真地问："孩子通常能明白道理，但就是做不到。怎样沟通才能让孩子一下子就记住并做到？"

显然所有人都希望孩子能够在一次沟通之后就有所改变，但这个美好的期待不容易实现。

成人也常犯这样的错误：一件事情，无论脑海中多么清晰地知道自己的错误所在，但行为依然难以改变。成人尚且如此，何况是孩子呢？

孩子的认知特点，决定了他需要从真实的体验中获得感受。也就是说，错误的做法需要被体验到，正确的做法也需要被体验到，而不仅仅是被灌输一大堆道理。

头脑每一天接收的信息太多了，一层一层被覆盖。而所有的信息并没有在感受层面被体验，如此，成人给出的正确做法就无法被很好地落实在孩子的生活中。

而这，并不是孩子的错。

如果孩子上课喜欢说话，并因此扰乱了课堂秩序，怎么做呢？第一，要告诉他不能说话；第二，把课堂中他说话的过程，用角色扮演的方式表达出来。让孩子扮演老师或者被他打扰的同学，以充分体验站在别人的角度看自己是什么感觉，他之前的行为会给别人带来什么样的感受。

有了角色扮演的体验之后，孩子就能够对他人感同身受，一是理解自己和别人以及环境之间的关系是什么，二是明白别人的心境是怎样的，三是了解别人和自己的感受是如何的。

这是孩子透过身体体验完成的认知过程，而这个方法将会比对孩子讲大道理奏效得多。

但同样的方法，对成人来说就是一场挑战。由于成人没有办法坦然表达自己，也就无法感觉对方内在的感受。

一位女士痛苦地说："我还是不知道怎样爱我的丈夫。"

丈夫独自开车出去，夜里两点还没有回到家，并且手机处于关机状态。妻子无法入睡，在客厅一直等到夜里三点，丈夫回来了。妻子站起身来愤怒地大叫："你干什么去了，你这个神经病，你不要回来了，你给我滚出去！"丈夫被推了出去，妻子以为丈夫会认错，没想到丈夫转身就走了。

在反复核实自己的感受后，她发现，在她的愤怒之下，更多的是担忧与紧张。丈夫这样的状况并不常见,她担忧他出现意外,因为她深爱他。但是,那一刻,甚至在之后的日子里,她都无法对丈夫坦诚、真实地表达自己的感受:"你回来得太晚了,又关了手机,我不知道发生了什么事情,所以我因担忧而生气。"而丈夫能够听到的,也只是妻子被情绪左右时说出的那些气话,并不能感受到妻子话语背后的心情。这就是成人充满小我的世界。

但是孩子生命的美,就在于他们拥有生命中最为美妙的感受,并可以完全将其表达出来。

纪录片《我们的宝贝》中有这样的场景,六岁的姐姐腿摔坏了,非常难过和沮丧。此刻三岁的妹妹走了过去,轻轻地用嘴吹着姐姐的伤口,轻声说:"一定很痛吧,一定很痛吧!"并且用小手轻轻地抚摸着姐姐的另一条腿。姐姐感受到了妹妹的关爱,她们亲密地亲吻着对方。画外音讲道:"虽然她感觉不到姐姐那个真实的疼痛,但是她能够感受到姐姐此刻沮丧的心情,她相信自己能让姐姐心情好一些。所以,自我意识的建构,能够使孩子考虑别人的感受,设身处地地为别人着想。"这就是孩子的世界。

如此,当你能够同理孩子的感受时,爱便会流淌起来。

爱是一场"春风化雨"

影片《死亡诗社》也被称为《春风化雨》,是一部批判二十世纪五六十年代美国传统教育的影片。里面的场景与我们今天的教育方式有着惊人的相似。

片中讲述美国某著名大学的预备学院,以凝重的办学风格受到了当时人们的尊重,并且吸引了大量对孩子有较高要求的父母。他们认为,孩子自身的兴趣爱好以及内心感受并不重要,从事一份符合社会需求的职业才更重要。所以这所学校"盛产"银行家、医生、律师以及企业家。凡是能够在这所学校读书的孩子,都将是父母的荣耀。

学校实行寄宿制与全封闭式的管理,并具有严格的管理理念:传统、卓越、荣耀、纪律。它需要每一位学生坚守。题海战术与死记硬背是老师们的主要授课方式。同时,这也是一所纯正的男生学校,女生一律不得入内。这一切,让这群内心丰富、热爱生命的孩子,私下将这所成人眼中的荣耀学府称为地狱学院。

新学期开始了,学校为孩子们请来了一位英文老师,基廷教授。他曾经也是这所学校的学生。但出人意料的是,基廷并没有延续学校原有的刻板的教学方式,而是以独特的方式，深深地打开了孩子们的心扉，并让孩子们学会体验生命，了解人性的美妙。

基廷首先要求孩子们称自己为基廷先生，或者船长，并提倡"忠于内心，活在当下"的生活态度。这犹如一根火柴点亮了孩子们的心。

长久以来，这群孩子都是严格按照教科书的要求，以极其理性、公式般的方式学习诗歌。而基廷却让他们抛开一切束缚，寻找自己内心的情感，并站在讲台上大声地表达出来，突破自己对情感、对内心真实感受的压抑与恐惧，鼓励孩子们追求梦想，点燃自己的生命。

基廷让每一个孩子高高地站在课桌之上，体验新角度带来的新视野，以及看待人生的新方式，并在这种体验下，寻找内心真实的自己。

基廷将体育、音乐和诗歌融为一体。孩子们在激昂的交响乐中大声地朗诵一句诗歌，然后带着所有的力量与激情，将球踢出去。

基廷让孩子们以不同的方式和节奏行走，以寻找自己内心真实的感受，将注意力收回到对自己的了解上，而不是在乎别人如何看待自己。

基廷用激情四射的语言给孩子们讲述如何为自己的所

爱、为自己的生命谱写诗歌:"学习独立思考,用文字与思想改变世界,使生命存在,同时也让你的生命超凡脱俗,因为人类充满了激情!"

这一切,让孩子们丰富的心灵重新涌动并焕发活力。影片最终以家长的投诉、校方的震怒以及基廷的离开而结束,但孩子们却不顾权威的阻拦,勇敢地站在自己的桌子上,用自己的方式与"船长"告别,并表达着对基廷的爱与感激……

很多父母并不知道孩子的真实需求与内在感受,而这,正是新时代父母的成长方向,毕竟人生不是只有那个外在的物质世界。

爱是一场美妙的倾听

几位好友聚会,席间一位好友诉说了一件自己一直以来感到不公平的家事。话音未落,另一位好友进入了角色,拿出"国际警察"的势头,对此评头论足。看似帮助,实则教育。不一会儿,双方的观点发生了分歧,对抗的气氛立刻包裹了整个餐桌。

"他只是感到不公平,有些委屈,想在好朋友面前倾诉一下。"

听到这句话,大家一愣,那位倾诉的好友连连点头:"是是是,就是憋得慌,想对你们说说。"评论的好友也突然恍然大悟:"喔,原来是这样!"餐桌又恢复了亲切和热闹的气氛。

被有效地用心倾听,是每个人的内在需求。当对方的语言和情绪从你的耳朵流过,流入你的心,然后被接纳和理解,爱和信任就会从彼此的心中升起。

成人如此需要被倾听,更何况正在习练表达的孩子,他们更需要被倾听。

《声梦奇缘》一片中,在孤儿院长大的小主人公,将自己对父母的渴望与爱,寄托在所有的声音中,并用听到的一切声音创作着独特的音乐,最终找到了自己的父母。

所以,倾听就是将自己的注意力高度集中起来,将自己的内在生命打开,带着好奇和接纳,带着身心合一的爱去感受事物。不做任何评判,只是聆听、观察和接纳。让一切如同水一样流动起来,流动在自己的内在,也流动在孩子的内在。

当你可以倾听自己的呼吸以及内在的情绪时,你就懂得了如何倾听孩子。如果你懂得了倾听一朵花、一棵树、一阵风,倾听自然万物,那么爱就会从你的心里流出。带着这样的爱与孩子相处，就会赢得他们的信任，生命与生命的联结也就自然产生了。爱，也已然在这样的联结中付诸了行动。

第四节　再谈成长中最珍贵的前六年

孩子的成长，是一个缓慢而复杂的过程，而前六年是一切的基础。李玫瑾教授在谈及青少年问题的时候反复强调，很多问题都不是当下产生的，而是在问题之前的三年、六年，甚至更长的时间里产生的。

再谈自我意识与占有欲、破坏欲

孩子出生的过程，就有恐惧相伴，他要经历漫长的时间熟悉子宫之外的环境。他会管那个最早给他奶吃，对他表达爱，亲吻他的人叫妈妈（即便这个人不是他的妈妈，也是在发挥着"妈妈"的作用）。他觉得他和这个人无法分离，所以他内心有一种冲动，要占有这个人，完完全全地占有。

伴随着这种占有欲，孩子会充分感受在妈妈身边的绝对安全感和归属感。有时候，他为了试探妈妈是否真的完全属于自己，甚至使用抓与打的方式，这让妈妈非常恼火。

大部分父母不明白孩子为什么会有这样的举动。因为，孩子在成长的过程中，在情感和心理上一定会占有自己的妈妈，甚至出现破坏性行为，从而确定自己在妈妈心目中的位置。这非常考验妈妈对于孩子的抱持性和涵容度。这就好像孩子拿到一块手表一样，他为了研究这块手表里到底都有些什么，不仅会占有，还会把它拆开。他无法理解父母仅仅把它当成一个掌握时间的工具，当然，父母也无法忍受孩子的这种破坏行为。

当父母看到孩子的破坏行为时，总是会加以制止，甚至责骂他们。殊不知，这将扼杀孩子对物品的研究兴趣和对亲子双方心理情感的研究机会。很多家庭暴力，实际上宣泄的就是一个人童年的占有欲和破坏欲。孩子对妈妈的"破坏"仅仅限于对母爱的试探，当这种试探确定后，获得一个正确的引导，孩子就会顺利度过这一阶段，因为他已经拥有了与妈妈之间的安全感。

如果这种占有欲和破坏欲没有在一定时间内得到释放，而滞留到成年之后，就很可能会因为长期的压抑而转变为控制。

第四章 放下童年，带着觉知再看孩子的成长

"你是我的，完完全全是我的。"这只是孩子三岁以前的心态。因为他太需要被照顾，太没有安全感了，所以他必须借助父母无条件的爱，获得面对世界的内心力量，去应对今后的成长之路。

浩是一个单亲家庭的孩子。

浩一岁时，父母离异，他由妈妈和姥姥带养。三岁开始被全托。在成人眼里，他安静、腼腆、可爱、懂事。

浩的妈妈性情柔弱，性格内向，心理脆弱。她从没有体验过与孩子的联结，也不知道如何联结。

浩从五岁开始，随着妈妈的改变和环境的改善，他突然变得易怒、脾气大、攻击性强。攻击对象往往是妈妈，那种曾经被压抑的情绪逐渐得到释放。但在一年之后，浩平静了下来。在这期间，妈妈做了很多改变：倾听孩子的情绪，尝试与孩子联结，不断对孩子表达爱。如此，孩子恢复了本该有的心理上的安全感。

又过了两年，再次见到这位妈妈时，她讲述了孩子的蜕变历程。孩子现在表现出的幽默与智慧，尤其是自律与对妈妈的体贴与理解，赢得了许多人的称赞。

事实上，创伤并不可怕，如果你愿意试着在自我成长之后去理解孩子，帮助孩子克服心理障碍，满足他们的基

本需求，加以适当的引导，孩子和你都会实现蜕变。

当然，有些时候孩子真的会"破坏"。用他们的眼光来看，"破坏"就是探索。

一位维修师傅打开电视机后盖，发现整块线路板上布满了细沙。不知哪个孩子将沙子筛过后，把最细的那一部分从电视机的通风孔倒了进去。

师傅研究了很久，始终不知道孩子使用了什么方式将那些细沙准确无误地撒了进去，并且不留下任何"作案"的痕迹。师傅哭笑不得，他修电视二十年，从未遇到过这种情况，直喊不可思议。

举这个例子并不是让你鼓励孩子搞破坏，只是想让你懂得将孩子释放出来的破坏行为与孩子所拥有的、不同于成人的创造力、想象力和探索精神区分开。只要引导有方，教育效果会完全不同。

再谈自我意识与分享

两岁的孩子会逐渐认识到"妈妈是妈妈，我是我"，从而在内心将自己与妈妈逐渐分离，开始进入自我意识的形成时期。

其中一种表现就是"一切都是我的——我的爸爸、我的妈妈、我的床、我的被子、我的家,别人不可以随便乱动"。每当孩子出现这种特征的时候,父母总是很焦虑,担心孩子会变得自私,不懂得分享,难以理喻。

另一种表现,就是使用自己的意志。孩子希望按照自己内心的想法行动,但成人总是使用自以为正确的经验强迫孩子,不让孩子按自己的想法去做。当成人的这种力量非常强大地压迫到孩子时,孩子的自我意识就会慢慢消失,然后变得依赖他人,没有自己的想法,甚至没有自己的兴趣。

小白从两岁开始就有"让梨"的美名。

一日,他开心地拿着草莓正准备吃,突然看到一位叔叔盯着他的草莓,笑着问他:"可以给我吃一口吗?"他毫不犹豫地把草莓递给了叔叔。当叔叔一口吞下草莓的瞬间,小白脸上出现了很复杂的表情,但很快,他恢复笑脸,去厨房向妈妈又要了一颗草莓。

再次拿着草莓出来的时候,叔叔依然在那里。然而,小白假装没看到叔叔,以迅雷不及掩耳之势将草莓塞到嘴里,当作什么都没发生。

分享是孩子成长必经的过程。最早是分享食物,在幼儿园的树下、走廊里,随处可见三三两两的小朋友,你吃一块，我吃一块。接着，分享玩具，分享彼此的共同爱好，于是有了共同创造的乐趣。随着成长，孩子开始分享彼此的想法。

可见，分享物品与建立友谊是随着孩子的成长，自然而然发生的事。

但如果在孩子一岁时，就要求他分享，教育他"你不能做一个自私的孩子，要做一个谦让的孩子"，这将是一个适得其反的做法。

小白的奶奶总会骄傲地说："看我们家小白，从小就不护食，永远都会分享给别人。"

但是，当小白离开了奶奶的监督之后，便戏剧性地做出了一些让爷爷奶奶不能接受的行为。

有一天，他从幼儿园的跳蚤市场回来，买了很多好玩的东西，其中有几样是他的钟爱之物。当他的好朋友涵子走过来的时候，他却一反常态，并没有把他买来的宝贝展示给涵子。焦虑、犹豫、纠结让他不知所措，既渴望让好朋友看到自己的成果，又害怕心爱之物被人拿走。不想分享，但又怕被说自私。

这种纠结产生了内在的冲突：作为六岁的孩子，他觉得自己应该分享；但他的内在，还有一个一岁的未长大的

"内在小孩",这个小孩还处在一切以自我为中心的阶段,还没准备好坦然地分享。

鉴于此,父母就需要告诉小白:"如果你还没准备好分享,就尊重自己的想法;当你真正愿意分享的时候,再分享。分享是一种权利,你可以使用它,从而获得快乐的体验。"如此,孩子就会感受到自己被真正理解了。

之后的小白依然有很长时间不愿意分享,即使妈妈给他一次多买几样礼物,以此缓解他分享时的焦虑,他依然会非常坚定地说:"我不同意!"

这显然是一岁多的孩子常说的话:"这是我的,我不同意!"

一个曾经名副其实的小"孔融",在放松之后,变得"自私"了,很多父母可能会为此焦虑、担忧。

但真相是,这个自私是有意义和价值的。只有经历以自我为中心的自私,才能真正走向真实、自主、自愿的分享。

再谈自我意识与执拗

随着自我意识的建构,孩子执拗的心理特征也出现了。这一心理特征从三岁开始,经历六岁、九岁、十二岁、十六岁，如同螺旋状上升。如果在最初的执拗期被压抑，那越往后，执拗背后的对抗性就越强。相反，如果在最初的执拗期，引导孩子顺利度过，那之后的自我意识就会逐渐变得自律、顺从（这里的顺从不是指顺从于成人，而是顺从于自己的美德）。

四岁的泡泡把安全感建构在了为幼儿园看门的老爷爷身上。（他从小由爷爷带大）吃饭、午睡都要在看门的爷爷那里完成，无论是谁都无法改变他的想法，他执拗而坚持。

在半年之中，他就像个看门的工作人员，引来许多家长与参观者的好奇，但老师和父母都给予泡泡理解和支持。有些家长觉得无法理解，甚至据此认为这所学校出了问题。

当一些成人用谴责的眼光看着泡泡，并且忍不住给泡泡讲道理的时候，幼儿园的小朋友却会宽容地说："泡泡就喜欢在那里，那就是泡泡的地方！"每次进门的时候，都有好朋友与泡泡玩耍，从没有人歧视他。孩子们认为这是泡泡本来的需求。

半年之后，泡泡变得安静了。有一天，他突然对老师说："老师，今天我要回班里睡。"老师既惊讶又欣慰，因为当孩子充分使用过自己的力量之后，他会了解环境，知道自己应该如何与环境融合在一起。这种自我调整的能力，不是由成人教出来的，而是在获得了充分的理解和支持之后，孩子内在的感受让他慢慢调整到的一种自然的顺从状态。而这种顺从，不是顺从于成人的要求，而是顺从了他内在的美德。

但这个过程往往是漫长的，如果父母没有经验，没有心力等待孩子，也许在孩子执拗的那一刻，自己也会执拗起来。一旦执拗被固着，就会影响自我调节能力的发展。

三岁的朵朵是个能量比较大的孩子，她内在的生命力很旺盛。对于喜欢的事情，她可以专注而持久地重复练习，但面对一点点不如意又表达不清楚的时候，她会情绪崩溃，大哭大喊，打自己，摔东西。每次情绪发作，都需要很长时间才能恢复，并且是在更强的压制下才能恢复。

显然，朵朵在执拗期，但没有人引导朵朵发展她的自我调节能力。一个自我意识强大的孩子，如果没有被正确疏导，生命能量就会固着在执拗期。

再谈自我意识与自我价值

执拗期的成长，让自我意识得到发展。此时，孩子还需要通过对"我是谁"的探索将自我意识固定下来。他们开始探究自己的身世；他们喜欢将自己设定为一个有力量的角色，比如超人，以充分地体会角色所赋予自己的力量感；他们开始对情感、婚姻等话题感兴趣，并通过与别人的交往来确定自己。

四五岁的孩子会对出生这件事感兴趣，并会追问："妈妈，我是怎么来的？你是怎么把我生下来的？"孩子建构自我之后，需要了解自己出生的那段经历，想知道自己来自哪里。孩子希望通过获知那段经历，来确认自己很重要，这有助于他们确定自身的价值感。

当孩子从精子和卵子的故事中，看见一个胚胎慢慢变成一个宝宝之后，孩子会对三岁以前的自己、自己使用过的物品、自己的故事、自己的行为、自己的照片，产生浓厚的兴趣。

四岁多的娣，有一天在自家的楼下，看到一个一岁左右的小宝宝坐在婴儿车里，就问妈妈："我小时候是什么样子的？有没有像小宝宝那样坐在车里？"妈妈告诉她，她小时候也是那样的，并且把她小时候的婴儿车找了出来。婴儿车对于现在的她来说，已经显得很小了。她紧缩着身体，窝在里面，反复地感受着。大概过了一个多月，经常玩婴儿车的娣对妈妈说："我们把车送给别人吧！"也许，这段日子她感受到了自己与别人的相同和不同，从而更确定了当下的自我。

当父母给予正确的引导，孩子体验了自己未知的那段生活经历时，他们会更加确定自身的价值感，拥有更加完整的自我。

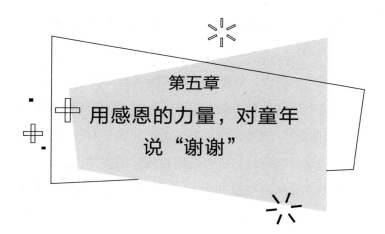

第五章

用感恩的力量，对童年说"谢谢"

当你用更成熟的心态回望童年时，会发现父母的成长经历影响着他们对待你的方式，他们有自己的局限性，可能他们的养育方式对你的童年带来了伤害，但他们依然是爱你的。如此，你会了悟生活，也会由心而发地对只能这样或者尽力而为的生活说声"谢谢"。借助感恩的力量，你的心会更自由。

第一节 对所有的童年丧失说"是的"

对童年的透析，最终是要对这段成长历程说"谢谢"。即使在这个历程中有太多的伤痛与丧失，你依然要懂得说："是的，谢谢！"这些伤痛与丧失的确让童年有很多不那么美好的回忆，但同时它也会带给你相应的资源，让你的人生蓝图得以完整地呈现。在这之后，你就能够真正与那些不再适合你的部分告别。

所以，接下来你需要带着勇气和觉知的力量，重新审视自己的童年，然后对这一切说："是的，是这样，感谢这个历程，谢谢！"

第五章 用感恩的力量,对童年说 "谢谢"

一张关于丧失的清单

丧失一:当你在母亲肚子里的时候,你可能没有获得想象中的欢迎。由于各种原因,你的母亲还没有为你的到来做好准备,她的情绪很差,不太想你这么快来临,但你不能再返回去。所以冥冥之中你有种被抛弃的哀伤,觉得自己带着爱而来,却失去了母亲的迎接。

丧失二:在你的童年,由于你不是父母预想中的男孩,或者,有人比你的亲生父母更加需要一个孩子,所以你被抛弃或被送给了别人,你失去了与亲生父母一体化的机会。

丧失三:在你的童年,你生了一场大病,留下了一个终身的印记,你失去了完整的身体。

丧失四:在你的童年,由于种种原因,你没有获得无条件的爱和有效的呵护,并且没有体验到与父母同在的感受,所以你失去了最早的安全感。

丧失五:在你的童年,你经常看到父母彼此争吵、伤害、忙碌与焦虑。你失去了父母的陪伴,同时也失去了对爱的体验。

丧失六:在你的童年,父母因为感情不和而常常大打出手,最终,他们分手了。无论你是陪伴母亲,还是跟随父亲，或者被寄养于亲属家，你都丧失了家的完整性。

丧失七：在你的童年，由于你被父母处处限制，无法拥有自由玩耍、自由探索的机会，你那与生俱来的创造力也从你的头脑中悄悄溜走了，即使你现在看上去很成功。

丧失八：在你的童年，如果你表现得很出色，你就成了父母炫耀的道具或资本；如果你不如亲戚或朋友家的孩子优秀，你就始终是那个被比较被贬低的小家伙。你失去了良好的自我价值感，失去了自信，自卑成为你忠实的伙伴，即使你外表看上去相当自信，那也只是自欺欺人，因为它时刻在内心深处嘲笑你。

丧失九：在你的童年，也许是因为父母的问题，你的家庭被亲戚朋友排挤，并且这种排挤让你感到这个世界毫无归属感和信任感，你有可能丧失对他人的信赖与亲密感。

丧失十：在你的童年，最能够爱你、欣赏你，关心和呵护你的人，离你而去，你所有的甜蜜感受戛然而止，从此你心无所寄。

丧失十一：在你的童年，尤其是生命最初的六年，你的母亲忙于工作，打理家务，生养孩子。总之，在你需要她时，她经常无暇顾及，你随时都在体验被抛弃的感觉。你失去了一个又一个与母亲联结的时刻。

第五章　用感恩的力量，对童年说 "谢谢"

丧失十二：在你的青春期，你喜欢上一位异性。就在你们彼此表达着美好感受、憧憬着美好未来的时候，老师的讽刺、同学的嘲笑扑面而来。你们甜蜜的初恋就这样结束了。你怅然若失，曾经的阳光与勇气不见了。对于爱情，你开始有一种潜在的负罪感。

丧失十三：在你的青春期，你开始拥有自己的梦想。也许你想成为一名出色的艺术家、国际象棋冠军、赛车手、专业的舞蹈演员，或者知名的钢琴演奏家，又或者研究昆虫的动物学家……无论怎样，你希望能够遵循内心的意愿，实现自己的梦想。但是，如果你的梦想与父母的期望正好背道而驰，要么坚守自己，从此失去父母的支持；要么就此放弃，把自己重重地摔在现实的地板上，去实现父母一生渴望但未能实现的期待。你有可能已经失去了自己，而你却并不知道。

丧失十四：在你的青春期，也许贫寒的家境让你在同学面前显得过于寒酸，不时出现的尴尬让你对金钱有一种巨大的占有欲，并且从此产生一个信念：金钱是一生中最重要的东西。为此，你可以付出一切，以致失去了对生活的热爱之心。

丧失十五：在你的青春期，你成了老师"恨铁不成钢"

的典型。你很聪明，却没有表现在成绩上，不管你玩出什么新花样，老师都认为你不务正业。老师为了表达对你的爱，对你的关心，很多时候都用羞辱的方式来激发你学习的斗志，以期让你彻底醒悟。也许你从此发生改变，以优异的成绩回报老师和父母，但内心那份耻辱感时隐时现，挥之不去。

丧失十六：在你的青春期，你渴望同学、朋友的了解和认同，渴望与他们建立深厚的友谊。但不知为什么，结果往往适得其反。你经常被同学以刺耳又尴尬的绰号替代真名实姓，你想反抗，却遭到孤立。自此，你失去了在同学中的尊严感。

丧失十七：在你的青春期，你最好的伙伴或兄弟姐妹，由于意外而永远离开了你，你的内心深处始终无法释怀。

……

很多关于丧失的事件都过去了，但一些感受却被隐藏起来，如同爆炸后的碎片散落在你的无意识中，悄无声息地影响着你的言行举止。一旦你遇到与过去相似的经历，那些创伤感就会立刻从你的心底浮现到你的眼前，很容易将你从一个成人状态拉回到孩子的状态中。那一刻，再强大的外表也不容易遮蔽你内心的脆弱。

如此，你更需要直面这些丧失事件及其留下的感受，用你内在的真诚告诉自己："是的，这就是我之前的经历，它让我体验到了痛，但无论有多痛，它都是我生命的一部分，甚至只是一小部分。在这些伤口之下，隐藏着我生命中源源不断、生生不息的爱。"

当你开始看见伤口，对伤口说"是"，同时深深地感恩发生的一切时，你就会靠近生命的本质，在那里，是你的爱与美德。

第二节　对曾经的自己说"谢谢"

成长的经历不等于生命的真相

二十九岁的他，在一家知名企业工作，享受高薪水、高福利，并且受到上司赏识，很有发展潜力。但他对自己的评价却是："我并不快乐，我对任何事情都没有兴趣，有时觉得自己挺差劲的。我心理不健康，需要进行心理治疗。"

仔细观察他，一米八五左右的高个儿，白净的皮肤，飘逸却恰到好处的长发,显示出年轻人的时尚、大方与自信。"我不少哥儿们都这样,看上去工作很体面,有时候却觉得很没劲。"他可能感觉到我在观察他。

于是谈话就从他的倾诉开始了。他很健谈,不知不觉中说起了他的童年。

他出生在一个工人家庭,是家里的独生子,父母对他的期望非常高。小时候最让他感到骄傲的,是他的成绩一直名列前茅,但很遗憾的是,他并没有因此从父母和老师那里获得肯定与欣赏,却因为淘气而不断遭到父母的责骂与老师的惩罚。

"我爸爸用鞭子和棍子打我是常事。"

"那时你妈妈怎么做?"

"和我爸爸一起打我。"

停顿片刻,他继续倾诉:"小时候我最喜欢开家长会,因为我的成绩从来都最好,但也最怕开家长会,因为我最淘气,老师总爱告状,然后我就挨打。我们老师很坏,他侮辱过我。"

"怎么侮辱?"

"他拿封条封住我的嘴,并在上面画个大叉,然后让我站在讲台上。"

说完,他马上补充:"不过还好,没有给我留下什么心理创伤。"

顿了顿,他又说:"你觉得我会不会有心理创伤呢?"

沉默片刻后,他又开始叙述:"我现在不但一点儿也不恨我爸妈,我还特别孝顺,经常给他们钱。我也告诉我女朋友,在我爸妈与她之间,我爸妈永远是第一位的,如果她胆敢对我爸妈不孝,就给我滚蛋。"

沉闷的空气再次袭来……

内在的冲突就是这样产生的——孩子一方面忠诚地爱着自己的父母,另一方面真实地体验着父母对自己的暴力。内在总会有两个声音在对话。一个声音会说:"我必须孝顺我的父母,因为我爱他们。"而另一个声音会说:"他们曾经那样对我,我恨他们。"这样的冲突会折磨你,让你无法真正认识自己,更别说爱上自己。谁会爱上一个分裂的人?

那些小时候从父母和老师那里听到的指责、否定、羞辱、贬低、轻视的声音,时常会出来捣乱,然后成为你"自我否定"的证据。随着不断长大,这些声音会以"内在超我"的方式对你进行自动化的批判。自我肯定、信任、欣赏的声音越来越弱,你只能依靠他人的认可来证明自己。

但这不是生命的真相,这只是成长的经历。你只需要认清这些成长经历，去疗愈和转化它们，并因此爱上自己，就会看到一个如蝴蝶蜕变一般的自己，而那才是真正的你。

靠近自己的心，需要练习

此刻，请你为自己做一个小小的练习，与自己的生命做一次联结。请你用心表达自己，其目的是感受真实、坦诚的自己，并且通过这样的体验感受自己内心的成长。

请用三个形容词表达自己处于一种怎样的生命状态。

规则：

1. 所使用的形容词是正向的。

2. 将这份描述说给自己听。

3. 整个过程中，内心是真实、坦诚的。

我们知道，大脑接受理念与身体进行体验并且内化为行为的过程，是完全不同的，但很容易形成这样的局面：头脑接受了许多理念，但心理和行为并没有改善。因此，你需要对接受到的理念进行充分体验并付诸行动。

也许你会默不作声，也许你会有些紧张。若你是位男士，你可能会说："有这个必要吗？夸自己不太好吧！"你甚至会说："这太幼稚了！"

这些想法代表了很多人的观念。在我们的成长过程中，

第五章 用感恩的力量，对童年说"谢谢"

父母很少认真地欣赏我们。被人欣赏，尤其是直接表达肯定，是一件不常见的事情，何况是自己欣赏自己，更不容易做到。尽管我们觉得自己是一朵绽放的水仙花，并且经常在众人面前炫耀自己，但真正面对自己内在的那一刻，到底会发生什么，只有自己内心最清楚。

当然，这个练习不仅是你一个人在做，很多很多成长中的人都在做。不要小看这个小小的练习，它会让你更靠近那个真实的自己。

第一步，"你是谁？你是否能够欣赏自己的生命？"

第二步，在以下清单中，找出自己拥有的特质，并且告诉自己："这些都是我生命中的特质，从今天开始，我要更加珍爱与欣赏这些特质，并允许它们在我的生命中绽放！"

在以下清单中，找出你现在没有但希望自己拥有的三种特质，并且告诉自己："从今天开始，我所选择的成长之路，会将这些特质带进我的生命。"

写下你对自己不够满意的方面，认真地告诉自己："无论怎样，这些都是我生命的一部分，我会接纳并尊重它们。随着我的成长，不再适合我的东西会离开我，新的、适合我的东西会进入我的生命，让我的生命柔软而舒展。"

生命特质清单

乐观　乐群　伶俐　机智　轻松　活泼　活跃　热情
愉快　爽快　兴奋　有趣　好玩　开放　大方　勇敢
冒险　有生气　有活力　有弹性　有爱心　善于表达
有吸引力　敏感　细心　忠诚　诚实　小心　负责
现实　宁静　稳重　自发　周到　守诺　可信赖　圣洁
和蔼　仁慈　温暖　温柔　优雅　高贵　美丽　英俊
性感　体面　独特　浪漫　有情趣　有条理　有逻辑
有灵感　有创意　有想象力　强壮　坚毅　睿智　周全

第三步：用一致性的沟通表达对自己的感激。

我看到了我今天……

我听到了我今天说……

我感受到了我今天的心情……

我感激自己……

……

这样的练习，是在帮助曾经远离自己的你重新靠近自己，靠近自己的心。在这之后，你需要重新感受自己，感受自己的身体、情绪以及所思所想。这样的感受会让你真正认识自己，了解自己为何是当下的样子，为何如此建构与他人、与环境的关系，为何而来到这世间。经历这样的自我觉知之后，你开始爱上自己，你不再完全依赖于别人的爱。你清晰地发现，自己曾经渴望从他们那里获得爱的父母、伴侣、朋友，同样缺少爱的来源。一旦认清这些，你就可以摆脱对他们的期待，从而转向对自我觉知的训练，让内在自给自足，并且将多出来的部分给予他人和社会。

第三节　对父母将你带入这存有的大门说"谢谢"

你设计了自己生命的蓝图

当内在觉知的力量被开启，你就会用一个崭新的视角看待自己过往的经历以及这个世界。

时间退回到你做天使的时候。你与伙伴们一起冲着光去了，你追随着自己喜欢的那束光源。然后，你看到一对夫妇，他们正在争执。你微笑着说："请带我下去吧！"但他们并没有因为你的爱与友善停止争吵。你继续坚持，希望用自己的爱来说服他们。

于是，他们勉强告诉你，只能负责把你带下去，但别的不能保证。你并不期待什么,毅然决然地来了。

渐渐地,你忘记了自己曾经的样子,也忘记了这幅自己规划的人生蓝图。你选择了这样的道路,也选择了这些艰难的关口,正如一场游戏,你选了自己想要的难度系数。但当你真正开始这场人生游戏的时候,却又为自己的选择深感痛苦。

生命的意义并非如此。你带着神性而来,体验到的却是人世间的不易之苦,但不要迷失,始终要记得自己,终究你会回归本心,活出原本自性具足的样子。

记得自己,体验自我创造之旅

很长一段时间,人们都在寻找和遇见自己。但事实上,你只需要记得自己。你能够为孩子提供的最好教育,也是记得自己。

强调记起自己,是因为你忘记了自己。虽然你每天都在使用自己,但依然未真正体验自己。这就正如你每天都在呼吸,没有它你就无法存活,但你并不熟悉和了解它,甚至很多的时候,你都忘记了它的存在。因此,记得自己的工作,就从重新感受你的呼吸开始。

自我创造第一步：有意识地呼吸

许多人并没有意识到自己对呼吸感的隔离。如果你看到一个人喋喋不休或者情绪消沉，你友善地提醒他，保持呼吸并放松呼吸，他很有可能告诉你："我在呼吸啊。"事实上，当一个人深陷情绪之中时，呼吸就会变得很浅，只能供应身体的基本需求。

生命的复杂与精微让人难以想象。如果你想对自己进行深入的探索，那么你必须让自己充满能量，而获得能量的第一步就是调整呼吸。因此，你需要训练自己将意识聚焦于呼吸。

首先，试着让自己安静下来，可以盘腿打坐，也可以坐在椅子上。然后将意识聚焦于自己的一呼一吸上，觉察呼吸时空气如何经由鼻子进入体内。慢慢地，你会有一些新发现：

头脑中的思绪太多，注意力很快失去了对呼吸的聚焦；

呼吸只能到胸口，很难向下深入到腹部；

呼吸浅至喉咙，甚至感到喉咙很堵；

当呼吸越来越深的时候，你很快会感到昏沉……

这些发现都很正常。当你有意识地觉知呼吸时，你会发现自己身体所隐藏的状况。如果把觉知呼吸带入一举一动、一言一行中，你就会有更多的发现。接受觉知力训练的学员在觉察呼吸一段时间后这样写道：

原本以为自己只有在快迟到的时候才会感觉心急如焚，身体紧张，肌肉紧绷。但是在我观察自己呼吸之后，发现自己的呼吸很浅，心总是处于紧张的状态，身体是紧绷的，几乎时时刻刻都处于这种状态！我把这种对呼吸的观察带入生活的方方面面，很快，我更加清晰地认识到，就连吃饭、洗澡等本应放松的事情，我的身体都处于一种无意识的紧张之中，总想着快点完成就可以做下一件事情了。身体的具体表现有不自觉耸肩、会阴部收紧、脚趾抓地。

于是，我开始按照老师的指导，尽量有意识地觉察、观照呼吸，并放松身体。虽然大部分时间身体仍然处于紧绷状态，但是有了万分之一的机会，可以让自己尽量把肩膀下沉放松，胸部、胃部和下腹部放松。我意识到，深入呼吸对于现阶段的我而言很有难度，我几乎不会呼吸了！这个有意识的呼吸训练让我突然发现，我对自己的身体很陌生，甚至做不到长时间或者深入放松。所以，当我再次意识到身体紧张时，我把紧紧抓地的十个脚趾头抬离地面，再缓慢地放下去，这样做似乎能短时间放松一下。我尝试把耸起的肩膀往下放，稍稍舒缓一下。但是下一秒，新的紧张又来了。这种与呼吸和身体的失联，让紧张没完没了！

呼吸训练的一开始，的确会让你发现许多难以想象的身体状况，但只要你坚持将这样的训练作为生活的一部分，很快，你就会拥有随时调整自己身体不适的能力。你可以在听电话的时候觉察呼吸并放松身体，不被对方的情绪带走；也可以在马上要发言的时候，让自己处于一种深长的呼吸中，保持清明；还可以在陪伴孩子的时候，通过有意识的呼吸，让身体的能量从头脑转向心这个中心……如此，你的生活品质和身体健康指数都会得到很大限度的改善。

自我创造第二步：探索意识与无意识

若用冰山隐喻来看人类的意识，脑科学家和心理学家发现，人类的意识部分只是冰山的一角，其余百分之九十五都被深深埋藏在无意识中。在你的意识中，你会认为自己一切都很好，或者都不好。但在无意识中，你又会如何认为？

要想记得自己，需要一场穿越。只有穿越你的无意识，才会回到生命本质的怀抱。当你静下心来觉知自己内在的时候，一场真正意义上的自我对话就会展开：

"我的婚姻走到边缘，而我无法选择分离。不是因为爱，而是因为生存。没有了他，我就失去了所有的生活来源。每当想到这些，对未来生活的担忧和恐惧就会充斥全身。我不知道自己该如何选择。"

许多人的婚姻走到了尽头，维系它的不再是情感，而是孩子，是生存问题。在这样的自白中，无意识里对生活、对未来的恐惧与无力感被呈现了出来。大多数人不愿意去看这些，就像不愿意面对自己的婚姻问题一样。

最近好友聚会，谈及单亲妈妈。好友们发现，一些生活很富足、意识很独立的女性，即使选择离婚，孩子的状态也很不错，没有以往那些单亲孩子看上去的退缩与压力。同时因为这些女性独立自主，整个人在离婚问题上也呈现出一种轻松接纳的状态。好友问我："这是因为经济独立，对吗？"我回答："富足的物质和较独立的意识状态都不能少。"生活中不难看到因为钱而打得不可开交的离婚官司，但若双方相对独立，且自我负责，那么结局就会不同。也就是说，除了拥有基本的生存财富，还要训练自主、自知、自我负责的能力，如此你的生活就会多一份自由。

第五章 用感恩的力量，对童年说"谢谢"

自我创造第三步：打开身体的中心

无意识藏在头脑中。在你不经意间，或者处于情绪旋涡时，那些无意识中的限制性信念，成长中旧有的情绪与思维模式，会以风暴的形式将你卷入其中，让你如陷沼泽一般难以脱离。你需要学会开启身体的中心，让自己保持在一种中正平衡的状态中，用观察者的视角看待生活中所发生的一切。

所谓中心，一定不会在小拇指或者小腿上，而是在你身体的中轴线上。腹部区域的腹中心联结你的直觉和安全感、当下临在的体验以及存在的感受；心轮对应的心中心，负责爱的表达与流动，联结与归属感，是生命能量的表达；眉心轮对应的脑中心，负责进行逻辑思维，表达意图，展现战略、创造性和理性思维。

你可以试着联结任何一个中心，感觉自己的呼吸，并放松身体。试着将意识聚焦于其中一个中心，想象这个中心是一扇门或者是一朵花，随着呼吸的深入，打开联结的中心。如此，你就会离自己更近。

渐渐地，你在生活中处理一些事情的时候，可以有意识地联结不同的中心。比如，和孩子相处时，一定是心中心的能量更容易与孩子互动；在规划一些事情的时候，有意识地联结脑中心；而在无法做决定的时候，不妨联结腹中心的能量，让它给你带来更多的直觉信息。

自我创造第四步：提升内在的觉知

依据对三个中心的觉察，你会很快发现，三个中心的能量完全不同。你需要进一步提升觉知力，将这三个中心的能量从一种机械的自动化反应方式，提升到你可以自如感受、感知的情感状态。在这种状态下，你才会真正体验到爱自己。接下来，如果你对自我创造的过程依然感兴趣，那么你可以更进一步训练自己，让这三个中心的能量逐渐提升到意识状态。这时候，你就真正拥有了一种体验当下的感觉。

自我创造第五步：保持临在，体验当下的自己

在自我创造的过程中，你最大的收获就是记得自己。你逐渐明白，身体不是你，情绪不是你，感受、思想都不是你，这些只是你的一部分。你可以鲜活地体验自己的每一部分，但不再执着于此。你可以允许自己走向那个更完整的自己。

第五章 用感恩的力量，对童年说"谢谢"

当你能够有意识地呼吸，保持觉知，放松头脑时，一种临在感（注意力聚集于此时此刻的存在感）就会出现。那是一个更清晰、更明亮的世界，让你真正回到当下。这样的蜕变并不是让你从此不再遭受痛苦，而是让你真正拥有面对一切的勇气和力量，并知道如何与痛苦相处。换句话说，你还是你，只是你记得自己，认识自己，理解自己，无须再去期待那些根本就无法满足你需求的人与事。你开始明白，什么是幻象，什么是真相。

为进入这存有的大门说"谢谢"

一位催眠大师遇到一位茶道大师。茶道大师在茶道演示的最后一步，低头致谢。

催眠大师问："您谢什么？"

茶道大师答："向万物致谢！"

这让我想到在瑜伽习练的开始与结束，都需要唱诵三声"OM"，以示与万物联结，与大自然联结。在习练结束后，也要低头致敬，对内在的自性致谢。

疗愈带来宽恕，宽恕伴生感恩，而感恩的力量是难以想象的。

一位多年的内在工作者在日记中这样写道：

我的童年经历了一些创伤，一种受害者和渴望拯救者的心理模式伴随着自己长大。在偶然的机会中我进入心理成长课堂，成为一名内在工作者。

在这期间，针对自己的心理模式，我做了大量的疗愈工作。将童年未被满足的渴望真实地表达，将未被实现的期待逐一放下。一些对自我的宽恕工作，让我学着爱上自己，同时宽恕那些伤害过自己的人与事。我变得轻松了许多。在这之后，我开始观察自己与父母的相处方式。

从看见母亲的恐惧，到接受她的状态，再到和她的联结，这实际上是在我与母亲的关系中最需要去完成的工作。而我最终要走向的是，感谢父母将我带入这存有的大门。我用日记记录了与母亲的相处过程，之后的日子，我感到这就是我人生的一笔财富。

在接下来的四篇日记中，不难发现，这位朋友将自己的内在工作逐渐应用于生活。这正如超个人心理学家肯·威尔伯所谈到的"转译"的内在工作。

所谓转译，就是只在"我"的层面工作。也就是说，自我有两面性，如同你对待一个事物，第一反应是对抗，但事实上，如果将这种对抗背后的内容澄清，信念转变，情绪调整，那么再次看待这一事物的时候，角度就会发生变化。这种"转译"的内在工作，会让人们的头脑过滤器发生改变，从原来消极看待人生转变到积极享受人生，也会为许多人带来一份更好的生活。

01

母亲病了，三十多年来，我第一次深切地感受到母亲的生命突然之间变得如此微弱，我被吓坏了。我在慌忙中将母亲送入医院，在恍惚中将母亲安置在病床上，又在慌乱中为母亲收拾了一些需要的日用品。

接下来的日子，我就是一名全天候的陪护人员。起初的照顾很辛苦，忙完这个忙那个，一刻也不能坐下来。

几天下来，身体的疲惫令我的情绪低落了很多，加上潜在的紧张感，我的身体处在一种即碰即倒的状态中。母亲从昏昏迷迷中逐渐好转，清醒了许多。

但由于突如其来的疾病以及很久没有与我共处的原因，她的情绪变化无常。一点点不如意，就会发脾气，用车轱辘话唠叨我一上午。

任何一个工作电话、任何一本书、任何一项与外界联系的事情，都不能出现在她的病房内。她甚至一步也不让我离开她，也决不允许外人靠近她。我眼中那个美丽能干的母亲，突然之间变成了一个完全离不开妈妈的婴儿。

面对母亲的情绪，我虚弱的身体已无一丝能量来支持我的心理，疏导我的情绪。那一刻，我清晰地感到自己掉进了与母亲的情感纠葛中，却无力逃离，动弹不得。

睡眠是一种很好的调整方式，我选择偷空赶紧睡一下。当身体有所缓和后，情绪也好了许多。

就在自己发生变化的同时，母亲的情绪也随着身体的好转慢慢稳定下来。在经历了彼此身心的变化之后，母亲与我之间的内在亲密逐渐产生，犹如淡淡的回甘。

母亲告诉我她的感受："我没有安全感！"

我也试着用更有联结感的言语表达我们姊妹几个对母亲的爱……

一周的时间过去了，我和母亲之间有了一种内在的和谐，她安静地享受着我对她的照顾，我也安静地体会着照顾她的感觉。

一切自然、安逸，我开始有一种休假的感觉。母亲的病还没有完全治愈，还需要在医院住一阵子，当然，我也需要继续完成我的护理工作。

但是，我不再觉得紧张和疲惫，而有了另一种柔软的满足感。这不仅是因为母亲逐渐恢复了健康,更多的是,在这段特殊的日子中,我深深地感受到母女之间的一种内心联结。这种联结也许在我们生命起初没有建构,但我相信,它在生命的尾声中一样可以找寻到。

母亲病了,我失去一点点自由的时间和一些似乎很重要的工作,却意外获得了一份更为重要的生命体验。感谢母亲!

02

母亲老了。这是母亲生病以来,我最深切的感受。

母亲是个讲情调的人。

记得从五岁开始,我时常坐在母亲的脚下,听母亲读书,最为熟悉的便是《简·爱》。母亲一边读一边教育我,举止要怎样得体,言谈要保持怎样的姿态……她还会随着小说的内容而变化情绪,时而幸福喜悦,时而又伤心难过。每次读完书后,她都要鼓励我们,过高雅的生活。

我并不懂这一切的具体含义,但那种温馨浪漫的氛围,至今都给我留下了美好和温暖的感觉。母亲年过半百后,我也会在空闲的时候给母亲读书。这个做法当然是令母亲喜悦的,我能够感受到母亲的享受与欣赏。

但是这次，我却无法用这样的方式令母亲开心了。母亲不再想听什么，也不再愿意去感受这种精神生活，更不能像往常一样坐在那里，仔细欣赏着自己精心培育起来的女儿。更多的时候，母亲是在回忆过去每一个快被遗忘的角落。

她需要我一刻也不能离开地倾听。我能够清晰地感受到，那种被隐藏了很多年的伤痛和经历再次强烈地跳出来，并反复出现在脑海中，打碎了以往看似平静的生活。而母亲就正在经历着这一切。

起初我也被这种痛苦拉了进去，在母亲痛苦的时候，我也在自己的内在寻找着相关联的伤痛，这种伤痛直接将我的情绪抛向深渊。

渐渐地，我知道陷进去对我们两个人都没有好处，那不过是人生的心理游戏而已。我开始为自己做内在转化的工作。接下来，我逐渐平静地真正倾听母亲。

母亲的痛是整个时代的痛，是一段不能再抱怨，而是要接纳的历史。看着母亲略显幼稚的缓慢动作，听着母亲一遍又一遍地倾诉，除了爱她还能做什么呢？用姐姐的话说："我们和母亲是有缘才来到这个世界上的，这种缘就是爱！"

母亲老了，正如我们小时候需要她一样，她也开始依赖我们。

03

母亲生气了，原因很简单，我给大夫提了意见。

我将自己感到不尽人意的地方一致性地表达给了大夫。在我看来，这是一个很正常的沟通，母亲却很生气。

整整一天，母亲对我的态度都很差，对走进我们病房的医生和护士都小心翼翼，并敏感地觉得大夫在冷落她。这让我多少有些内疚。

一天过去了，母亲的情绪并没有好转。我有些担忧，主动给母亲"承认错误"。母亲低头沉默了一会儿："你这样提意见，会受到报复的。"

我这才意识到，母亲对"提意见"这件事情极为"过敏"。因为在她生活的时代，凡是提意见者都会遭到"暗算"，这种经历与信念深深地埋在她的心里，一触即发。

接下来的日子，母亲总是讨好每一位来到她病房的大夫与护士。无论护士对她怎样有情绪，她都不断地感谢人家。

除了静静地看着这一切发生,我并没有做什么,因为我清晰地看见了母亲内在的恐惧。那种恐惧不仅是对人对事,更多的是生命深处对生死的本能恐惧。

母亲是一位能干、好强、美丽、独立的女人,无论生活多么艰苦,她总是能想出各种办法渡过难关。

母亲一生经历了很多令人无法想象的伤痛,但直至七十多岁的时候,她依旧保持着一种积极向上、高雅精致的生活态度。这种风范让很多年轻人见了都由衷地敬佩。在我眼中,她是一位不知惧怕、勇往直前的巾帼英雄。

但这次,母亲变了,脆弱而无助。其实我很明白,不是母亲变了,而是母亲终于不能再背负任何社会与生活所需的盔甲了。这让母亲将自己内心深处的一切全盘托出,包括那深深的恐惧。

我能做的便是感谢恐惧,因为它让我看到了一个更为真实的生命,这就是我珍贵的母亲!

04

在我的记忆里,如此全天候地陪伴母亲的日子还是第一次。

母亲向来很独立,从不在我们面前显现她的脆弱。这

第五章 用感恩的力量，对童年说"谢谢"

种英雄母亲的形象着实让我们没有过多的机会照顾她，使得母亲的天伦之乐多少是匮乏的。

当母亲生病在床的时候，这种匮乏很快凸显，母亲一步也不想离开我们。我做好了打持久战的准备。但是，事情并不是我想象的那样。当我能够二十四小时和母亲相处，为母亲做了我本该做的事情时，母亲便满足地说："有女儿真好啊，妈真的很高兴！"我能感受到母亲内心的喜悦与满足感直线上升。

母亲要做一个检查，整个过程身体是受了罪的。为此，几个孩子都来到医院，惊慌失措地抚慰母亲的痛苦。但从那天开始，母亲便没有因为身体的不适而情绪不好，反而每天看着在病房里转来转去的儿女们，内心喜滋滋地说笑着。那场景真是一片祥和呀！

母亲的满足感深深地感染着我们，病痛为母亲和我们的生活带来了麻烦，但这种满足感也在悄悄地滋养着母亲和我们的心。

真心地感谢母亲，用她那极易满足的内心给了我们莫大的支持与安慰，并让我在而立之年能够及时反思一些内心的误念。

从自我成长为一名真正的内在工作者，这个过程要经历太多的内在疗愈。直面内在的伤口不是一件容易的事情，但伤口却是花朵绽放的地方。经历了疗愈之后，感恩的力量就会悄然而来。你会自然而然地体验到感恩，表达出感恩。这不仅仅是一句"谢谢"，而是一种真相的力量经由你这个管道流进世间万物。

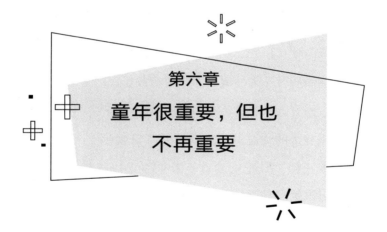

第六章
童年很重要，但也不再重要

当你穿越内在的伤痛，重新爱上自己的时候，童年就会成为你最美的记忆和最重要的资源。它重要，是为了让你明白，养育孩子不是一件随便的事情；它不再重要，是因为你已经重新创造了自己。

第一节　童年的重要在于它创造了今天的你

如树一般，扎下深根

就生命而言，人的成长如同树的成长。

广东地区台风很多。但那晚的风，对于广州这个时常遭受台风袭击的临海城市而言，并不算猛烈。一早，江边的树倒下几棵，但光从其直径看上去足以抵抗十级台风。究其原因不难发现，这些树在生长的时候，树根没有深扎下去，树干里已经空了，导致不受力，台风一来，连根拔起。

人的成长与树一样，有的生机勃勃，也有的外表看上去枝繁叶茂，但由于内在没有长大，生命的根气不足，自然缺失力量。

第六章　童年很重要，但也不再重要

对孩子来说，0～12岁是建构并发展内在自我的时期。为了不受外部世界的干扰，孩子需要父母给予他一个有爱、有安全感的家庭环境。这种环境所形成的心灵能量，就如同给孩子形成了身体之外的第二层皮肤——心灵皮肤。带着这层"皮肤"，孩子面对陌生的外部世界时，就会感到安全。同时，这种氛围也会逐渐内化成孩子身心的一部分。孩子拥有了这一部分的生命特质，就拥有了关爱和保护自己的能力，同时也就拥有了关爱与友善对待他人和环境的能力。

反之，当孩子赤裸裸地暴露在冰冷的环境中，遭遇身心暴力、恐惧和不安的时候，为了保护自己，其内在将竖起一道防御机制，将自己与内心的感受、外部的环境统统隔离，就如同为自己穿上了一层厚厚的盔甲。盔甲越厚，内心的恐惧和不安就越深，生命就会越发混沌和僵硬。

拥有自我，如同与天使同行

《黄金罗盘》是一部美国影片，讲述了这样一个故事：世界曾经是一片自由与祥和的净土，每个人都有一个精灵，如同自己内在的那个真我，或者说自己的灵魂。他们与精灵合二为一并快乐相伴，这让人性中的美自然而自由地洋溢出来。

但是有一天,一个组织为了达到对世界高度统治的目的,决定扼杀孩子们的自由意志。他们偷来了许多孩子,并将他们关押在寒冷的北方,准备给这些孩子做内切割手术。方法是将每个孩子与他的精灵放在一个通电的笼子里,用高压电从中间将他们切分开。随后,精灵就会消失,留下的躯体便如行尸走肉般活着。

影片的小主人公是个手持黄金罗盘,勇敢而坚强的女孩。她在受到诱骗和遭遇危险时没有妥协,而是坚定地与自己的精灵在一起,在吉卜赛人和女巫的帮助下,终于营救出了自己的伙伴与其他孩子。

整部影片惊心动魄,内切割手术的场景令人恐惧,但小主人公的勇气与意志征服了人心。一个真正拥有自己的人,才会拥有帮助别人,乃至改变世界的能力。

如果失去了内在的真我,就如同失去了太阳,使自己的世界陷入黑暗。

直面自己的"潘多拉之盒"

潘多拉之盒,是古希腊一个经典的神话传说。

潘多拉是宙斯创造的第一个女人,主要任务是报复人

第六章 童年很重要，但也不再重要

类。因为众神中的普罗米修斯过分关心人类，惹恼了宙斯。宙斯命令火神赫菲斯托斯使用水土合成的东西，依照女神的形象做出了一个可爱的女人。他又命令爱与美的女神阿佛洛狄忒在这个女人身上淋上令男人疯狂的激素，又命令智慧女神雅典娜教她织布，制造出各种颜色的美丽衣裳，使她看起来更加光鲜迷人。然后，宙斯对神使赫耳墨斯说："放入你狡诈、欺骗、耍赖、偷窃的个性吧！"于是，一个完完全全的女人完成了。众神替她穿上衣裳，戴上兔帽，配上珠链，她看起来姣美如花。赫耳墨斯出主意说："叫这个女人潘多拉吧！这是诸神送给人类的礼物。"众神都赞同他的建议。在古希腊语中，"潘"是所有的意思，"多拉"则表示礼物。

在神界争夺战中，宙斯就是因为得到普罗米修斯及其弟弟伊皮米修斯的帮助，才登上了宝座。普罗米修斯的名字是"深谋远虑"的意思，而伊皮米修斯的意思为"后悔"，两兄弟的作风就跟各自的名字一样。

潘多拉被创造出来之后，在宙斯的安排下，被送给了伊皮米修斯。因为宙斯知道普罗米修斯不会接受他送的礼物。伊皮米修斯接受了潘多拉，果然，他娶了潘多拉之后没多久就后悔了。

潘多拉为伊皮米修斯生了七个儿子。每当潘多拉生下一个孩子，宙斯便用一个盒子把孩子封起来，而盒子的名字就叫潘多拉之盒。

　　潘多拉对此非常愤怒和伤心。终于有一个机会，她偷偷地把盒子打开了，想看看自己的孩子们。当盒子一打开，她的孩子们便依次往外飞。结果飞出来的是她的前六个孩子，分别叫作贪婪、杀戮、恐惧、痛苦、疾病和欲望，从此，人间便多灾多难。只有潘多拉的第七个孩子"希望"还被留在了盒子里。虽然人们受困于贪婪、杀戮、恐惧、痛苦、疾病和欲望，遭受了无尽的苦难，但是人们没有退缩，因为他们还有希望！

　　人们多年来所积累的问题与创伤，正如被封起来的潘多拉之盒。大多数人不敢去看，更不敢面对，因为那样会很痛苦。但是，人与生俱来就拥有爱、信任、希望的品质和决不退缩的潜能。

　　所以，当你有勇气面对内心的无助、无力、不安、焦虑、痛苦、绝望、仇恨等情绪的时候，你就能接纳、直面和拥抱它们，并告诉它们："我不喜欢你们，但我接纳你们，因为你们就是我生命的一部分。我拥抱你们，并等待有更合适的部分来替代你们！我相信自己，而且有勇气拿回我生命的希望!"

复制父母的生活

"我如同我的母亲一样,为丈夫和孩子,放弃了自己热爱的事业。如此,丈夫就该养我,就该负责我的一生。带着这样的执念,我陷入了人生的最低谷。我向丈夫索取爱、金钱、理解、安慰……渐渐地,丈夫失去了耐心,而我也失去了自己。我不知道存在于这个世界的价值是什么。当然,我也失去了创造财富的原动力。我开始厌恶自己,厌恶这样的生活。

"想当初,我在舞台上也是一颗闪烁的明星。都是为了这个家,为了这个男人,我才沦落成今天的样子。这个时常抱怨的我、愤怒的我、哀怨的我占据了上风,主导了我的头脑,让我失去了从容安宁的生活。"

生活中这样的故事很多很多。你不喜欢父母的样子、相处的方式、他们的工作以及养育你的方式。但有一天,你会突然发现自己——

长得越来越像他们;

说话越来越像他们;

与伴侣吵架越来越像他们;

就连小时候最讨厌的养育方式也越来越像他们……

作为最初的养育者，父母就是孩子的印象模板（可吸收的画面），而六岁以前的孩子主要学习方式是模仿。在与父母漫长的相处中，从小时候的主动模仿到后期的被动模仿，是一个从有意识学习到无意识吸收的过程。

十岁的贝贝总能听见妈妈抱怨爸爸固执。有一天，妈妈在和贝贝一起使用洗碗机的时候，提醒贝贝如何更好地利用空间放碗。但那一刻，着急去玩耍的贝贝带着抱怨的情绪随口说道："你怎么就这么固执。"显然这句话不是来自贝贝的心智，而是一种自动化的模仿系统。孩子的语言，很多时候就是父母的"复读机"。

随着生活中各种"素材"的积累，父母的情绪习性、思维模式、说话方式、审美取向，甚至是行走坐卧的动作习惯，孩子都照单全收。慢慢地，在成长之后，大多数人都"成功"地复制了父母的样子。

当然，那些自我意识很强的孩子，丝毫不想与父母一样，他们更想彰显自己的个性与主张。如果在成长中这股力量被固着于对父母的对抗和叛逆中，那么复制的部分也会因此而隐藏于自己的体内，不被自己看见。但事实上，它们在更加隐秘地影响着你。

第六章 童年很重要,但也不再重要

风趣的安安爸爸在听到这个问题的时候开始自嘲。

小时候的安爸很调皮,基本上家里无人能管。父母感情不好,母亲总是抱怨父亲,安爸就成了那个保护母亲的人。在他眼里,父亲确实像母亲所言,只管自己享乐,不像母亲那样追求上进。

直到安爸有了自己的家庭,不知怎么回事,他开始体谅父亲,重新思考小时候母亲给他的认知。父亲温和豁达、不拘小节,喜欢过好自家小日子。而母亲却要为整个家族献身,并且以一种几乎亢奋的状态争取上进,很难回归家庭。这导致安爸从小缺少家庭生活。

安爸说,他从小立志不想像他父亲一样——男人要活得体面些。但谁知道,自己和父亲一样,选了一位能干、上进的女人做妻子。最重要的是,妻子对他有很多要求和期待。

生活的轮回在这个幽默男人的话语中,变成了对自己的打趣,但他在生活中,还是会受到困扰。

自己喜欢过的生活恰恰与父亲相同,安逸、安宁就行,但在妻子眼中,这就是不负责任、没有上进心。

而那些认为自己丈夫太有上进心的女人又要抱怨了:"眼里只有工作,一点也不顾家。"

小雨妈留学回国后，很快认识了自己的丈夫，论学历和条件，丈夫都不及自己。但丈夫上进好学，一心想给妻子最好的生活。很快，创办公司，发展企业，几年下来事业红红火火。而小雨妈则要独自到国外生孩子。

两人的矛盾也从有了小雨开始了。丈夫没时间回家，而小雨妈承受不了孤独。小雨妈从小和父亲聚少离多，本想找一个顾家一点、爱自己多一点的男人，过温馨安逸的小日子，但潜意识依然让她选择了如母亲一般的生活。

代际能量的传承与复制无法用肉眼看见，却真实存在。只有唤醒自己的觉知，去看见、接纳、调整被无意识复制的部分，你才能真正找到自己想要的生活中。活出自己，才有可能绽放自己。

成长就是打碎了再重组自己的过程

每一个真正实现内在成长的人，都会经历将以前建构的东西打碎再重组的过程。这个过程很有趣，只要你保持一些耐心，新的结构、新的部分就会产生。在体验打碎的过程中你会经历到：

首先，内在乱了。原本你建构的认知系统来自你的母亲，母亲告诉你："这个世界不可信。"这是一个基于她的成长与经历的信念，当你沿用了几十年后，你也无法信任身边的人。这种强烈的自我保护意识让你无法收获亲密关系。

于是，选择改变。经过看见伤口（母亲在受伤的境况下是如何向你哭诉，信任别人是一件多可怕的事情，并且为类似的事情狠狠地教训你）和疗愈伤口的过程，你会将之前的限制性信念打碎。

其次，你开始变得敏感、脆弱。没有了之前强烈的自我保护意识，你试着向别人敞开心扉。但是每一次敞开心扉，都会让你感到脆弱，并且对于别人如何对待你的态度也变得敏感。身边的人会说你变了，你也感到自己变了，但就是不知哪里变了。这种状态缘于旧模式打破了，但新模式还没有建构起来。

接下来，你需要对自己有耐心，像对待孩子一样，等着他学会新的为人处世的方式，并且在这个过程中，多去与那些更加有爱的能力、积极友善的人相处，多做一些补充能量的事情。在持续的觉知练习之后，内在的新信念便开始稳定。

最后，你需要将稳定下来的新信念夯实，并且用这部分指导自己的生活。你会发现，在亲密关系中敞开心扉，说出自己的需求，会收获更多的爱，也更能激发对方爱的能力。

舞者阿婷很早就收获了专业成就。三十岁那年她选择了很多女性都会选择的生活，回家相夫教子。谁知在孩子三岁那年，丈夫出轨。她也说不清为什么会出现这样的事情，只是觉得自己确实一门心思在孩子身上，完全管不上丈夫。

自己放弃事业全力育儿，丈夫却如此糟糕。于是，一场家庭战争就此拉开序幕。那些年，虽然阿婷最终选择了分手，但她依然处在对丈夫的痛恨中，她认为自己是一个完完全全的受害者。

一次偶然的机会，她参加了一个自我成长课程，发现当下的生活可能在冥冥中是自己的选择。这一下，她被彻底击碎了……

所有的脆弱，所有父亲抛下自己和母亲在外安家的创伤，全盘浮出水面。无论自己多么努力，最终依然过着和母亲一样的生活。

愤怒、悲伤、恐惧……全部袭来。

阿婷并没有因此而逃离，从一个伤口打开、愈合，到另一个伤口打开、愈合，这个打碎又重组的过程用了三年。期间，有过无数次的反复，时而感觉很好，时而又会陷入痛苦。但最终，她将自己重组，并用自己的专业结合成长所学的内容，形成了一套适用于现代女性成长的身体疗愈法。

《生命的重建》一书的作者露易丝·海，一生经历很多磨难，但最终完成了生命的重建，并且将成长的经验分享给全世界。所以，疗愈内在的伤，是打碎又重组的关键阶段。

疗愈是一个整合的过程，如果你正在经历或者将要经历，就需要注意：

第一步，接纳。对发生的一切说："是的，是这样。"如此，可以避免再次陷入评价、抗拒和抱怨中。

第二步，允许受伤的情绪释放出来。方法有很多，比如跳舞、瑜伽、绘画、弹琴、唱歌、旅行……这些情绪会透过悲伤的、感动的、喜悦的、莫名其妙的泪水，得以释放。在释放的过程中认识它、观察它。

第三步，觉察内心深处的渴望和期待。做好一切准备，深呼吸，为自己工作。

这些方法都能让你逐渐走向成熟。创伤不能再驾驭你，只是你的一部分，而且是越来越小的一部分。

所以，成长最重要的不是掩盖问题，不是阻止问题，不是不让问题发生，不是从此没有问题，而是一次又一次打碎重组自己，以崭新的自我重新面对问题。一开始，你会在内心混乱、无从下手而产生的焦虑、焦灼中变得懈怠，无法在碎片中找到内在的规律。但当焦灼和混乱缠绕在一起时，有一股新的能量会逐渐呈现，如一束光。慢慢地，这股能量会帮助你在碎片中寻找规律，只要你挺过这段时间，对自己仁慈，新的情绪认知和心理结构就会出现。之后，你面对问题的态度就会不同，看待问题的角度和认识问题的层面也会不同。

内在的新模式产生了，它替代了你旧有的模式。

第二节　自我创造让童年不再重要

童年是最好的素材和资源

自我成长是一场穿越童年的历程。在疗愈和分离创伤之后，直觉、洞见与了悟会来临，这时候你会发现，童年

第六章　童年很重要，但也不再重要

的一切都是人生经历的最佳素材和资源。只有借助这些素材和资源，你才有整合的机会，才有前行的动力。

童年的成长会留下一些负面情绪，令人感觉痛苦，难以表达。事情虽然已经过去，但情绪却依然被储存在身体里。愤怒、恐惧、悲伤、快乐、羞耻、嫉妒、偏执……当你开始认识它们，并勇敢地说"是的，是这样，就是这样"时，内在的转变就会发生。

在愤怒之后，你会看到守候自己的力量；在悲伤之后，你会看到爱；在恐惧之后，你会看到勇气与被隐藏下来的兴奋的能量。

瞩目的童年经历很多。父母做生意大起大落，致使儿子瞩目在很小的时候就经历了那个年龄不该经历的事情。童年的痛苦体验，让他对赚钱这件事情感到厌恶。他博览群书，精通专业，但就是无法将这些转化为金钱。生活迫使他不得不去面对曾经的痛苦，他痛恨父母为了赚钱不顾一切，让他们兄妹三人从小跟着保姆生活。富裕时的享受和欠债时的压力、恐惧，都给他二十岁之前的人生留下了太多的碎片。

他开始从这些碎片中寻找自己在金钱方面的限制性信念。在多年的内在工作后，他发现这些碎片给他带来了意想不到的收获，那便是洞悉生命真相的能力。

在经历不同层面的蜕变过程中，首先要承认并有意识地体验和允许这些信念清晰地呈现和随时叫停，为内在的蜕变去行动。叫停是指，内在的一些情绪、念头，如同动作一般，可以停止下来，使人不被它们拉着走。叫停内在的一些想法和情绪，需要较高的觉知力，否则无法完成。这是一场训练，一场需要坚持的训练。正如一位出色的瑜伽爱好者会每日坚持习练，直到三年后，这些习练的成果才会显现，习练的内容也已经成为一种生活方式。

如果失去了对内在工作的体验，真正的改变就无法发生。如果记忆碎片不能够被有效地转化和重组，那么头脑获取的信息也就只能覆盖在那些被深埋已久的情绪碎片上。

在一个五口之家中，第一个孩子在父母身边生活，但第二个孩子却需要到乡下爷爷奶奶家生活，第三个孩子仍然在父母身边生活。这种情况下，第二个孩子就容易产生"我的父母不爱我"的无意识想法。这种内在受伤的情绪以及对兄弟姐妹的愤怒，在疗愈的过程中需要找到一些帮助它们转化的资源。比如，独自享受和爷爷奶奶在一起的美好时光，自由自在的田园生活，成为其他孩子心中的偶像，收获最纯真的爱和友谊……

第六章 童年很重要，但也不再重要

一旦第二个孩子感受到这些资源的存在，就能借助这些资源扩充自己觉知的部分，并且沿着这些素材和信息找到父母儿时的经历，也许第二个孩子会惊讶地发现自己拥有和父母相似的生活经历与一些品质。于是，新的联结出现了，如此再一步步深入，在点点相连、线线相交、面面相聚的联系下，内在新的认知结构慢慢出现，那些童年的伤口上也开出了美丽的花朵。

你可以从多个角度理解自己的父母，并且尝试接纳他们。当你能做到这一步，你就可以对自己说："是的，我想要和父母一起生活，这是我的期望，但是他们并没有帮我实现这个愿望。"你就可以问问自己："现在我愿不愿意放下曾经那个未能实现的期待呢？"

这就是转化之后的工作，对自己的内在说，"我愿意放弃那个曾经未实现的期待"。当你能如此做的时候，就真正把视角放在了对当下的体验和期盼上，而不再将它投射到其他人身上。这种转化将会给你的人生带来一份新的体验：在痛苦的经历和负面的情绪中，寻找一个正向的意义。

所以，不要沉浸在创伤中不能自拔，谁在成长过程中没有挫折和创伤呢？

曾经在一个视频中看到，一个日本小男孩在体育课的跳鞍马考核中，连续三次都没有跳过。这时候老师并没有让他下来，或者给他降低难度，而是带着所有的孩子围在他身边，给他加油鼓劲儿。虽然当时这个小男孩在流泪，但是下面所有的家长也都没有去干扰他，只是静静地等待着。直到他最后一跳，像鲤鱼跃龙门般飞跃过去。

成长就是如此，当你看到、感受到悲伤与痛苦的时候，可以选择静静地陪伴自己，允许情绪流淌，支持、引导内在的"小孩"，转化负面的情绪，获得正向成长的意义。如此，你终将穿越童年的经历，将那些曾经的碎片和资源重组，为自己生命的花园施肥。

欢迎成年的自己

经历了成长与蜕变，"内在小孩子"终究会长大。不再抱怨父母，不再像个愤青一样为自己的童年呐喊，在穿越童年之后，自我负责和生命一致性的表达开始成为生活的向导。

再次见到阿婷，已经是她离婚后的一些年。一张喜悦而柔和的脸充满了光亮，轻盈自由的身体一看就是习练过的状态。这与她刚离婚时候的样子完全不同。

在她与前夫选择和平分手之后，她抑郁了。一种被生

第六章 童年很重要，但也不再重要

活抛弃的悲伤席卷了她，童年所有的创伤逐渐浮现，她像孩子一般脆弱和敏感，完完全全地退行了。

好友带她进入成长之路，期间所经历的一切只有她自己最清楚。她说："所有的改变是从我发现自己虽然生儿育女，但依然是个孩子时开始。自己赌气，用一种看似和平却冲动的方式带着孩子净身出户，让自己深深陷入一种好像全世界都抛弃自己的受害者心理中。"

回头看看，当时那个两三岁的阿婷主导了那个三十岁的她。值得庆幸的是，当这个真相被呈现出来的时候，阿婷并没有逃跑，而是选择勇敢地接受挑战。她想长大，真正地长大，内在渴望成长的意愿战胜了一切。

最终，在一步步的努力之下，她看着自己如何一点点从受苦到抱怨，再从抱怨到愤怒，又从愤怒中看见恐惧的自己。直到一点点穿越，她发现为自己的生活负责才是一个真正意义上的成年人。

有了这个认识，她开始认真对待生活和每一个选择。她与自己和解，与父母和解，也与前夫和解，并选择继续与前夫共同养育孩子。

几年后，她遇到了现在的丈夫。在这段新的关系中，她懂得了一致性地表达自己，接受对方的习惯和价值观，并试着在两者之间寻找一种相交却又不弱化自己的相处之道。即使在一些时候，矛盾依然会出现，她也会先让自己停下来，用更加清晰的状态看待这个冲突。她说，觉知帮了她，让她成为一个有智慧的女人。她的现任丈夫非常欣赏她，尤其是当她应用觉知的力量处理一些棘手的事情时，丈夫总会好奇又欣赏地问道："你是如何做到的？"

阿婷的回答简单又幽默："因为我是个成年人，真正的成年人！"

在与她的交流中，我欣喜于她的变化。她说自己最想说的就是"欢迎，欢迎成年的自己"。是的，除了欢迎，还要为此庆祝，为这个重新创造的自己庆祝。

不再放大童年的感受

独自入睡对孩子来说是一件困难和恐惧的事情，但对成人来说却是一种正常的需求。这就意味着，当心理真正成熟时，就不会在童年的伤口上架起一部扩大器。

阿丽、花花、梅子的童年创伤相似，但她们的人格特质、成长经历以及对待生活的态度不同，因此，对待创伤的态度也不尽相同。

阿丽始终执着于创伤，但又无法面对创伤。每次谈及

第六章 童年很重要，但也不再重要

类似的话题，她都会惊恐不安。为此，婚姻关系无法维系，对异性的恐惧和抗拒始终存在。也因此，她抗拒养育孩子，也离开了原来热爱的油画专业。每次谈及创伤的时候，她都会说自己又身临其境了。无意识中，她习惯于认为自己是个受害者，这刚好吻合了她内在觉得"不够好，不值得"的信念。这种自我催眠让她伤口上的扩大器不断工作，最终，这个创伤成了阿丽生活的主宰者。

对于自己的创伤，花花从未谈及，她只说忘了一切是最好的方式。她常说这样一句话："我忘记了童年的一切。"但那些被忘掉的经历就不再影响她了吗？性情冷漠又略显僵硬的花花，看上去很有白玫瑰的感觉，毕竟忘记创伤的同时，也会失去童年很多的温暖与资源。

而梅子在经历自我成长之后，决定为自己的创伤工作。起初，面对伤口的痛也是撕心裂肺的，但她很快明白，她的"内在小孩"需要疗愈，受伤的自己需要被宽恕和原谅，并且要更加有爱地去呵护她。在随后的疗愈中，她选择原谅没有保护好自己的父母。当这些宽恕的力量来临时，爱也随着来临。她明白，相比创伤，生命更加珍贵；相比执着于创伤，宽恕的力量会让生命更加自由。

在这里，并没有对错之分，有的只是面对痛苦的选择。

允许自己长大，让成熟的你涵容自己的童年，涵容过往的创伤，毕竟它只是你的一部分，就如同身体是你的一部分，情绪也是你的一部分。而生命的广阔，你难以想象。

鲁米在一首诗歌中这样写道：

人生像是一家客栈

每个清晨，都是一位新来的客人

喜悦、沮丧、卑鄙

一瞬的觉悟来临

就像一个意外的访客

欢迎和招呼每一位客人

即使他们是一群悲伤之徒

来扫荡你的客房

将家具一扫而光

你也要款待每一位宾客

他或许会为你打扫

并带来新的喜悦

如果是阴暗的思想、羞耻和怨恨

你也要在门口笑脸相迎

邀请他们进来

无论谁来，都要感激

因为每一位都是

由世外派来

指引你的向导

无论创伤多大，相比你生命的客栈，它都只是一部分，你有足够的智慧接纳、转化和整合它。不要忘记，伤口正是光进入的地方！

第三节　爱上觉知，爱上自己

一位年轻女性在觉知力训练的自我观察日记中这样记录：

有一天，我坐在一辆巴士上，感觉椅子靠背有一些松动。当我全身放松靠上去的时候，椅背就会慢慢向后压下去，给后座的人造成压迫感，后座的人自然会向后倾斜身体，躲避压迫。我道声抱歉，迅速将椅背调好。但当我再次将劳累了一天的身体靠上去的时候，椅背又开始慢慢地向后压。这个过程，既让我感到尴尬，又让我疲倦的身体更加困顿。

那一刻，这个深刻的体验让我看见了内心的自己。在身心疲惫的时候，我多想有一个坚实的"椅背"，让自己在静静的倚靠中得到喘息。对那个人的渴望就如同对这个椅背的倚靠一样，然而生活中谁又能让我一直依靠？即使这样，我也依然难以放下期待；即使这样的期待让对方深感压迫，我也依然无法放下。这就是我内在痛苦的来源。

觉知是认识自己的最好方式

许多心理学家非常喜欢将一个人的内在用冰山来隐喻。在这座冰山中，1%～5%是你知道自己在做什么，这部分被称为有意识状态，而95%～99%是你不知道自己在做什么的无意识状态。

有时候你在用自己的意识说话，有时候你在用无意识说话。那么，在生活中，到底有多少个你在说话？

用一个最简单的例子也许更容易让你明白什么是有意识和无意识：

一个新手司机上路，他一定不敢在开车的途中想别的事情，只有全然地投入才能把车开好。

但对一个非常有经验的司机来说，踩油门、踩刹车、开空调，都已经成为习惯性动作，也可以说是成了无意识动作。由于熟练，他不再全然地体验开车的当下。人虽然

第六章 童年很重要，但也不再重要

在开车，但意识可能早已被别的事情完全占用，犯困、吵架、生气、打电话、想事情……

而有一些职业恰恰会让人常常处在有意识中，例如外科医生。他们在去手术台前，需要让自己安静下来，并让自己的意识保持在这个当下。

一旦来到手术台，所有的意识只会与病人和这个当下的情景联结。有意识的状态才能更清晰地看到眼前的事物，才能做出准确、精准的判断和决定。这样长久的有意识的工作，让他们的手乃至他们做事的状态都有别于常人。

当你开始尝试了解有意识和无意识的时候，你便拥有了真正向内看的机会。《当下的力量》一书中提到，当你与这个当下真正发生关系的时候，你的内在会拥有一种大自然赋予你的力量，而这种力量会开启你的天赋与智慧。

如何才能做到这一点呢？做到它需要透过觉知，因为只有透过觉与知这两个部分，你才能更好地审视自己的内在。

在你的无意识中，有许多你不知道的自己，比如你的内在有一个讨好者，或者一个控制者，但你并没有意识到你在讨好或者控制对方，那是因为这两种习性或者模式在无意识中推动和指使着你。

而有一天当你有了觉知的能力,你会突然发现自己在面对某些人时,会不自觉地去讨好或控制,似乎那一刻他是你的主人,而你却不再是自己的主人。

这个看见也许会让你不太舒适,甚至可能会引发你对自己的评判——我怎么会去讨好别人?我不可能控制别人!

一旦你评判或是嫌弃这部分,你又会发现,你还做不到爱自己。而在一个系统性的自我观察训练之中,你要做的就是从感觉那个讨好者的自己开始,渐渐地接纳他,并一次又一次地看见他。

当你与他熟悉,不再恐惧的时候,你便拥有了叫停他的能力,你不需要再用讨好或者控制的方式与别人相处,你可以打开自己的心,一致性地表达自己。如此,你的人生就多了一种选择,你的内在将更自由。

这就是觉与知的过程,你感觉着自己,同时知道当下的自己正在发生着什么。

当然,每个人的内在,都有许多个自己:讨好者、控制者、奉献者、完美主义者、受害者、优越者、焦虑者、崩溃者、严肃者、总是正确者……这些"自己"在你未发觉的情况下消耗着你的能量,腐蚀着你的心,阻碍着你与自己的联结。

第六章　童年很重要，但也不再重要

于是，在日常生活中你需要做一些自我观察的工作。

例如，作为一个老师，在讲课忘词时，面对学生，一边要调整自己，一边要更清晰地认识那个当下的自己。

你可以观察自己身体的变化：脸红，屏息，头出汗，手发抖，脚僵硬，肌肉紧张，声音颤抖；也可以观察情绪和感受的变化：尴尬，担心；还可以观察头脑中念头的变化：这太尴尬了，自己备课做得不够好，领导会不会批评？

再比如，面对大领导检查工作，你看上去从容淡定，其实那只是一个防御机制下必须戴好的面具，而面具之下的自己是怎样的呢？别人可以不用知道，但你自己却要明白。

你可以一边工作，一边保持对自己身体的觉知：跷腿，心跳加速，后背僵硬，双肩耸立，手捂肚子，腰疼；对情绪感受的觉知：紧张，尴尬，害怕；对自己头脑中念头的觉知：不说话就不会错，或许讨好一下他们，态度好一点就放过自己了。

对这一切的觉知就是在认识自己，认识那些你未曾了解过的自己。

当你想要看到更多的自己时，就需要像这样训练自己。带着觉知练习，练习在当下保持有意识的状态，看到你的身体、你的感受在发生着什么。

渐渐地你会发现,在你的内在有许多个"我"在说话,而这些训练,就是为了让你那个本质的"我"更充满力量,然后叫停那些正在消耗和腐蚀自己的念头,让自己走向内在的统一。

所以说,觉知是一束光,照亮着你的内在,让你真正爱上自己,爱上一个完整的自己!

觉知什么

许多父母问我,到底觉知什么?

事实上,你能觉知的事情太多了。从粗钝的肉体到麻痹的心理,再到委顿的精神,都是可以觉知的对象。

人如同一部复杂的机器,研究好这部机器,能为你的人生带来许多方便。你会变得轻松、自由,不会因为一场危机而消沉,也不再为一些陈旧的痛苦而难过,更不会因为别人的评价而丢失自己⋯⋯

觉知为你带来的好处,难以想象。所以,最初的觉知工作可以从观照自己的呼吸开始,经由呼吸,你会进入更深、更广的觉知中⋯⋯

下面这些作业都是来自接受觉知力训练的学员。他们

第六章 童年很重要,但也不再重要

为自己的内在进行精进的训练,以此让自己用觉知的态度重新创造自己的人生。

这是一位职业舞者,同时也是一位母亲。她描述了自己对身体、情绪以及内在信念的觉知与认识。

我那愤怒的情绪,主要由两个信念引起。

第一个限制性信念是"别人说我好、认同我、相信我,才能说明我是好样的。我才会有安全感,觉得自己值得被爱"。

第二个限制性信念是"只要事情不在我预料之中,或者没有达到预期目标,我就没有安全感,就会觉得自己被抛弃"。

愤怒的情绪,会在当下转化为平和。

当事情发生了,我会马上知道自己愤怒了,也知道自己在评价着这一切。我不再认同愤怒,继续让那股愤怒的力量在我的身体里面燃烧,同时观察它是如何运行的。慢慢地,这股愤怒的力量就会消散。

在画冰山图时,同一件事情,我会画两座冰山。

先是呈现指责的姿态,后来是一致性的姿态;先是愤怒的情绪,后来是平和的情绪;先是限制性信念"被别人骂就是我不好",后来是积极性信念"有愤怒了,就和它说说话，和自己说说话"。

在觉察到愤怒来临时，我的身体会呈现出被火烧一般的反应。

那团火从腹部生发出来，往上冲，到达心脏附近堵住。我的锁骨紧绷，肩膀麻痹，鼻孔大出气，嘴角往下耷，牙齿咬紧。

如果我认同了愤怒，并且往外攻击、发泄，事后会觉得头痛，太阳穴剧烈疼痛。犯困，眼睛很想闭上。

我按照老师所说，试着与愤怒产生一些分离。有时候与愤怒拉开距离，不认同，在当下疗愈自己；有时候完全认同愤怒，发完脾气才觉知到；有时候觉察到自己愤怒了，但是内在的力量很弱，没有办法叫停愤怒，只能看着自己发脾气。

我还发现了一个关于自我憎恨的模式：

事情目标没有实现——指责自己（真没用，你就是一个失败者）——打岔（做一些与目标无关的事情）——迷失在沮丧、伤心的情绪中——认同"以外在物质慰藉内在痛苦"的感觉，以麻痹、逃离自己的真实感受——产生一些让自己好受的幻象。

从这份作业中不难看出，学员可以进入较深层次的觉察，对自己的身体、情绪和信念运作机制有基本的了解。这会帮助她在生活中更容易驾驭自己的情绪。

在大多数时候，我应对愤怒的姿态是指责型和讨好型两种。

当较大的愤怒来临时，我感觉身体紧绷，手脚出汗，心中有一根尖刺，十分憋闷。当这个尖刺无法控制时，我便会指责。当较小的愤怒来临时，我能够停下来，进行有意识的自我观察。当我面对孩子时，大多会指责；当我面对先生时，大多是讨好，就算有时候指责，也会有意识地叫停。指责时会伴随着内疚，讨好时会觉得委屈、伤心、心里憋闷。

我大多数时候的期待是，孩子听话，先生善解人意，自己的需求被看见。我大多数时候的渴望是：做自己，自由，不被控制，被看见，被认可。我大多数时候的信念是：不被别人认可就是自己不好。

我发现自己在做观察者的时候，很容易进入无意识的旋涡中，仿佛迷路了。还没等到把整个过程观察结束，我就消失不见了。想法在有意识和无意识之间游走，跟泥鳅一样滑，抓不住它。

这份作业是学员借助于冰山系统，对自己的身体、情绪、信念做了详细的觉知与观察。长期坚持，她的人生便多了一个选择，她可以选择继续实现一些期待，也可以选择放下一些无法实现的期待。

当然，她也可以看到自己没有被满足的需求，接下来借助成长，实现自我满足。

要交作业了，整理的时候才发现 21 天竟然只做了 10 天、11 次愤怒的觉察。前面几乎没有间断，而且对自己的冰山比较了解，容易觉察到自己的愤怒。越到后面越钝（看不太清楚）和惰（懒于去觉察，任由它溜过去），状态也由轻盈、平和、稳定跌落了回去。而状态的转变似乎有个分界点，很明显，就这么陡然改变了。

1. 觉察愤怒

应对姿态：指责。

感受：生气、厌恶、烦躁、委屈、受伤、羞耻、无助、恐惧、担心、焦虑、逼迫感、失控感、无能感。

信念：无助是件恐惧的事；被人指责是件恐怖的事；孩子不听我的，我很无能；爸爸逃避承担养育孩子的责任；我不重要，我很差劲；都是我的错，我不受人喜爱；别人会故意伤害我；别人要考虑我、照顾我才是对我的接纳和喜爱；做妈妈的就要无条件为孩子付出；孩子晚睡会严重影响身体健康；做这种低档的工作很丢人！

渴望：被尊重、被认可、被重视、被接纳、被照顾、被支持

2. 身体反应

胃部、胸口堵，后脑勺发懵，热流涌向胸口和后脑勺，喉咙发紧，后背到头顶窜上一股气，腹部胀气，后背发虚。

3. 试着与愤怒分离，拉开距离

有两次尝试：

第一次，当我尝试与愤怒分离并观察它的时候，渐渐看到自己的委屈和无力。

第二次，与愤怒分离后，仿佛我变小了。那个对我愤怒的声音来自我的父母，我在他们的愤怒下无助、无力，不敢反驳。这是我无法容忍孩子带着愤怒反驳我的原因吗？

4. 感受到生活中的改变

看到期待和信念，便多了一些选择和方法，同时知道自己可以做的选择。

看到自己的信念与模式，也可以看到他人身上"曾经的自己"。同样的事情发生，能够清楚地知道自己和对方正在经历和发生着什么，不再卷入对方的情绪，可以平和、

稳定地面对。因为看到所以理解，因为理解所以宽容。

所有的成长、觉知都是为生活服务，当你多了一个选择的时候，生活的机会也会增多。认识自己，才能真正认识别人，认识环境中发生的一切。

回看每日记录的冰山，发现每座冰山最下面的渴望都有"被理解"。愤怒的背后有悲伤、委屈，应对姿态大部分是指责，并针对自己，但都能比较快地转换它，也能在看到这些后更敞开地向对方表达我的想法。

而身体的反应，也基本是一致的，会无意识地鼓起脸、嘟起嘴。这个反应从小就被妈妈严厉批评，有时候看到我这样，她会表现得歇斯底里，说很想掐我的嘴。她的反应让我觉得可怕，又觉得很委屈，我觉得我没有！但21天观察下来，我发现自己真的是这样，并且慢慢看到了自己退缩、胆小的部分。

总是渴望"被理解"，根本原因还是在于我对自己不够肯定和理解，所以总把目光投向外面。之后，要加强对自己内在觉察的工作。

尤其是开始做观察却不能坚持静心等的练习时，能量补充不上来，特别容易陷入一些迷思的旋涡里。

因为妈妈来到广州与我一起生活，我明显感受到自己

第六章 童年很重要，但也不再重要

的讨好，要表现出自己过得很好的形象，所以自己是不放松的，情绪很容易被激起。与妈妈的很多对话，身体比感受来得快，就是嘴巴说出来的话比真实的愤怒感受更快出来。这些话并不是由真实的我说出来的，而是带着很多我自己都没有察觉的期待。

但自己总是在反驳。用比较急躁的语气与妈妈对话多了，感到很自责。看到了自己的模式，想要改变却还不能改变，对自己有很多的抱怨。

面对弟弟，我也无法放松，后来才真正发现其实自己没能和他联结。妈妈对待弟弟的方式也总是激起我的情绪，我处理的方式是先离开，把自己的情绪处理一下。有一次弟弟突然发脾气，我们都束手无策，我感到自己当时是脆弱的，回到房间哭了一场才出去继续面对。之后和妈妈表达了自己当时的反应。

经过21天的训练，我发现自己的愤怒和抱怨大都指向自己。愤怒是一层表象，底层更多是无力，用急促的语气、伤人的话语宣泄出来。当自己能快速转换角度时，愤怒和抱怨才能在来临之前停下。

愤怒是一种感受，它从身体而来。当它到来时，我的身体反应是喉咙卡住，腹部发胀、发紧，嘴唇抿紧，等等。

抱怨是一种反应，它从头脑而来。当它来临时，我的大脑好像不受自己控制，只是嘴巴和心里的嘴巴在说个不停，感知的灵敏度好像也消失了。

看见自己小时候的模式如何形成，就有了理解自我的基础。"被理解"的需求来自儿时，但满足这样的需求实属不易。觉知的第一个收获就是你开始看见自己，了解童年都发生了什么。如此，你可以尝试着收回对他人的期待。

这段时间愤怒不常呈现，也许是因为一个人生活了一段时间。尽管头脑里知道抱怨是不好的，但又总忍不住要抱怨，而且方式更为隐蔽，有时候外在不出声，内在的舌头或者念头却在抱怨。当我愤怒的时候，感觉自己至少是在直面问题，而当我抱怨的时候，似乎是想逃避问题。相比愤怒，抱怨的对象更为广泛，人（自己和他人）、事、物、天气、交通等，并且对相同的人、事、物、场景等会重复抱怨。随着抱怨次数的增多，抱怨有时也会升级为愤怒，我因此变得苦恼、纠结，甚至批判自己不应该抱怨。

愤怒的能量通常从腹部升起，直冲整个头部，而抱怨的能量，当我觉察到的时候已经在胸口了。愤怒持续的时间相对较短，而抱怨的过程会持续更长时间。抱怨具备传

第六章 童年很重要，但也不再重要

染力：当我抱怨的时候，常常能引起周围人的共鸣，他们也会开始抱怨，反之亦然。所以，对于个体来说，似乎愤怒的力量更为强大，而对于群体来说，抱怨散发的能量也许更为强大。

愤怒与抱怨是生活中常见的情绪，前者容易伤人伤己，后者容易让人进入受害者模式。情绪本身是一种能量，没有正负之分，但经由复杂的人、事、物、场景与内在信念的多种交织，最终便以正负两面的形式呈现。只要做好觉察，情绪就会更自然地流动。

随着自我观察的深入，一些更深层次的觉知便开始了。你不仅可以觉察到自己已经说出和表现出来的内容，还可以觉察到那些未说出的各种起心动念。接下来的这份作业，对那些没有说出来的抱怨进行了观察。

内在的抱怨很难被发现，往往是事后才能觉察到。

它和愤怒、嫉妒、羞愧等情绪不同，不会产生明显的身体反应，只有看似平常的念头一闪而过。

这些念头都是在生活中频繁出现的，已经是无意识的反应。

通常这些内在的抱怨会被各种方式隐藏起来：会主动

合理化抱怨的内容，说服自己不要抱怨，要放开一点。

把这份抱怨深深地压下去时，身体反应往往是屏气、咬牙根、腹部收紧、身体僵硬；在有很大的抱怨时，往往说不出话来，头脑空白，有时会转化为愤怒。

如果抱怨的内容是习以为常的，就会发出叹气之类的声音，常常用鼻孔深深呼气，来缓解内在的不适。

爱上觉知，就能体验到生命的珍贵。无论在童年经历了什么，只要你带着勇气去探索，就能穿越内在的森林，体验生命的真相。

爱上觉知

你是否想过，

可以像观察一件你喜欢的事物一样观察自己，

看看对面的你喜笑颜开，

又或者充满恐惧。

你是否想过，

可以像拉开的镜头一般拍摄自己，

将每一个画面定格，

有时候可以倒带。

你是否想过，

第六章　童年很重要，但也不再重要

用你的觉知，

为自己准备一面无形的镜子，

随身携带，

让它时刻观照你。

你是否想过，

在这个大千世界中，

不必事事认同，

一生迷失，

毕竟，

生而为人，

觉知是你记得自己的智慧。

第七章

穿越童年，走向更成熟的生命状态

第一节　你唯一能做的就是感谢你的父母

在一次内在疗愈课堂上，一位年轻的女士向我提问：

"我痛恨我的父亲，因为他让我充满创伤，但我听海灵格先生（家庭系统排列创始人）说，'你要感谢你的父母'。我无法理解大师所说的，我恨父亲还来不及，又怎么能说谢谢？我的内在感到巨大的冲突。"

许多走在成长路上的人都会经历这种冲突。不同的导师会给出不同的观点和建议，成长者们也会产生不同的理解。

之所以如此，是因为导师们就一个问题会站在不同的层面表达，正如你站在不同的楼层会看到不同的风景一般。

如果万事万物都要遵守循序渐进的自然法则，那么针对原生家庭所做的内在工作，同样有逐渐递进的层级。

第一层：都挺好

当你站在第一层楼的时候，你会觉得"都挺好"，没有问题。吃饱穿暖就挺好，千百万个家庭不都是这样吗？

至于情绪、矛盾、创伤,都是应该回避的问题,不需要为此多事,所以一切都挺好。

第二层:掀开创伤,看见问题

若你无意之间跨入第二层楼,一些事情就会发生改变。

近些年,上映了许多反映家庭关系的影视作品,《狗十三》《欢乐颂》《找到你》《过春天》……

这些影片掀开了伤口,看见了问题,打开了你内在的潘多拉之盒。

你开始发现自己对伴侣、对朋友、对同事、对原生家庭充满了负能量,抱怨、悲伤、憎恨、愤怒、对抗,输出的全是指责和批判。

这个阶段,周围的人会觉得你莫名其妙,你自己也会感到很无助。

第三层:隔离、疏远

接下来,你会误以为自己是个受害者,于是选择隔离、疏远,甚至不与亲人朋友来往,以此躲避创伤带来的痛苦。正如《都挺好》剧中的苏明玉,十年不与家人往来。

有位学员曾经谈到,因为自己不喜欢父母,所以也不喜欢婆婆。一次婆婆来看望刚出生的孙子，她为了逃避，防止自己掉进情绪的旋涡，竟然带着孩子躲到楼下。被热情的保安看见，告诉了婆婆，最后婆婆伤心地走了。

显然在第三层楼，隔离、疏远不是真正解决问题的办法。

第四层：面对，探索，疗愈

看见问题需要勇气。

经由内在的勇气，你将进入第四层楼，深入探索内在的秘密，为那个曾经受过伤的自己做疗愈。

这不是一件容易的事情，这意味着你要打开心扉，将曾经的创伤呈现出来，释放那些被压抑已久的情绪和痛苦。

在一次疗愈课上，一位独生女哭诉母亲如何通过无微不至的照顾让她失去自我，导致在成长的路上，任何一个选择，她都没有主动权。

生活的一切都被安排好，她像个小女孩一般，直到自己生下孩子，之后被丈夫抛弃。

这恰恰又复制了母亲的婚姻，父亲在她小时候就离开了母亲，而她是母亲唯一的陪伴者。

在疗愈的过程中，人们一次又一次地释放内在积压多

第七章 穿越童年，走向更成熟的生命状态

年的情绪，让那些创伤引发的乱成一团麻的情绪与感受，重新得以梳理。这个过程会让他们的心变得柔软，同时也会让他们经历一个脆弱期。

第五层：看见渴望，沉浸其中

随着心被疗愈，一股强有力的渴望开始呈现，正如一个孩子在幼年时期对爱、倾听、认可和欣赏的渴望。此时的你来到了第五层楼。

那些在第一层楼看上去什么都挺好、坚硬的人（过度使用防御机制保护自己的人）退行为一个敏感而脆弱的"孩子"，此时渴望被爱、被看见的意愿甚至会吓自己一跳。

一个学员曾经这样分享："在我上完疗愈课之后，我向父母表达了内心的渴望，我想获得他们的拥抱，父母却奇怪地看着我。虽然他们最终按照我的要求给了我拥抱，但显然没有用心。"

也有学员分享："疗愈之后，我总是渴望丈夫给予我温柔的爱，并且很容易因为小事而感动。有时候甚至会因为一句话、一朵花、一个握手或一个场景而流泪。"

这份渴望可以让你想要重新面对父母、面对伴侣、面对朋友、面对同事，乃至面对世界。内心对爱、对联结的渴望，好像打开了闸门的洪流一般，倾泻而出。

第六层：产生期待，改变父母

因为渴望，心会推动你走向第六层楼。你开始期待在父母、伴侣、亲人身上获得关爱、理解和支持。

一位学员分享："我多么期待我的先生明白我所经历的痛苦，并能够用心爱我。"

另一位学员分享："当我走向内在成长之路后，我期待我的太太也能够和我一起走进课堂，但她说我不务正业。"

畅销书作家张德芬女士说："当我的内在发生改变后，我是那么期待自己母亲的改变。"

这样的期待，在每一个内在成长的人身上都会体现，期待身边的人发生和自己一样的变化。如果你们能够达成一致，或许会推动你走到第七层楼；如果不能，你就会纠缠其中。

第七层：放下期待，接纳父母

在第七层楼中，有了接纳父母，对父母说"是"的概念，这是一个"放下期待，接受现实"的过程。

也就是说，即使你发生了改变，也要尊重父母，尊重他们的命运，尊重他们的成长经历和生活背景。

你能做的，就是对一切发生在你生活中的事情说"是"。

如此，你将懂得当下所有的一切，都是送给自己最好的礼物。

生命导师阿南朵在《对生命说是》一书中谈到，你是否曾想过，你对父母的抱怨等同于你对存在、对生命说"不"？你通过这两个人来到这世界，如果他们如你所期待的那样，变成不同的人，那么你也不再是你。

第八层：做自己的父母，自我负责

走到第七层楼，其实已经走到了收获的阶段，但这依然不是尽头。如果你有意愿继续向上走，便会来到第八层楼——学会自我负责，做自己的父母。

你会用当下这个三四十岁，可以创造新生命、创造财富的自己，养育那个曾经内在受过伤的自己（即"内在小孩"）。请他喝杯茶，送他一个礼物，拥抱他，欣赏他，陪伴他。

当你能够做到这一点时，你就踏入了自我负责的阶段。

第九层：感谢父母带领自己进入这存有的大门

从第八层楼走到第九层楼，是生命的飞跃，你自然就会明白海灵格先生所说的，"你唯一能做的就是感谢你的父母"。

为何感恩？不是因为他们养育了你，教导了你，关爱了你……而是经由他们的创造，你可以进入这存有的大门，这个充满色彩的现实世界。

你能做的，就是向生命的创造者致谢。这便是感恩的力量。

作为儿女，如果每个人都能够感知并进入这第九个层级，就不会像《都挺好》前期的苏明玉那样，痛苦地将自己局限在第三层楼。

生命具有无限的可能性，只要你愿意为自己的内在工作，就能够上到第九层楼。在那里，你不仅能够找回原生家庭本该给你的满满的爱，还可以带着爱向父母深深地致谢。

当你走完这个过程，真爱就会来临，爱与感恩的力量就会来临……

第二节　人生就是一场闯关游戏

如果生活就是一场游戏，那么亲密关系就是最难闯的一关。

被誉为"意识领域的爱因斯坦"的肯·威尔伯在《超越死亡》这本书中写道：

"崔雅结束最后一次化疗已经两个月了，虽然化疗对身体是一种严酷的惩罚与考验，但崔雅凭借极大的勇气与毅力，熬过了这段最艰苦的时间……我们终于可以期盼生活稳定下来，如果崔雅的生理期恢复，我们或许还能生个孩子……然而有些东西改变了。

"我们因为精疲力竭，开始产生摩擦。就像共同背负着一个重担，一起攀登陡坡，我们一直小心地背着它往上攀，好不容易到达目的地，却完全累垮了……对这段时间的生活，我不想着墨太多，也不想粉饰太平。简而言之，对我们而言，这段日子就是活脱脱的地狱。"

这位卓越的人物，在与爱人崔雅初次邂逅时，彼此就感到自己是深爱对方的灵魂伴侣，两周之后他求婚了。就在结婚前的检查中，崔雅发现自己患了乳腺癌。接下来的生活一直伴随着疾病，这就是这对灵魂伴侣所要经历的关卡。

在这个世界上，所有的亲密伴侣都难以逃脱生活中的关卡。闯过去了，关系就会升华；闯过不去，一生为之痛苦。其中所发生的冲突就像游戏闯关一般，如果你不能清晰地觉察它们，那么就必须为一次又一次的闯关失败付出代价。

有的伴侣之间的主要矛盾是彼此的原生家庭，也有的是生活习惯。起初双方恋爱时并不觉得彼此之间有差异，但时间长了就会发现，一方喜欢早睡，一方喜欢熬夜……总之，在不可调和时，冲突通常会升级。

整体来说，困扰亲密关系的六大冲突为：

1. 生活习惯的不同；
2. 原生家庭的干涉；
3. 情感上的依赖与控制；
4. 价值观的分歧；
5. 兴趣爱好的差异；
6. 养育孩子的理念有别。

如此，亲密关系则无法顺利展开。一生之中，不同的

第七章 穿越童年，走向更成熟的生命状态

阶段会有不同的冲突。那些争吵了一辈子的伴侣，始终闯不过亲密关系这道关卡。

面对这样的现状，你能为自己做什么？

只有开启单玩家模式，游戏才能更好地继续。所谓单玩家，就是将注意力聚焦于自身，看看在这场人生游戏中，自己是怎样面对每一次冲突和矛盾的。

就拿六大冲突中的第三个"情感上的依赖与控制"来说，大多数亲密伴侣在这个部分无法顺利闯关，次次败下阵来。

因为依赖是一种心理模式，婴儿需要依赖才能够活下来。如果在成长的过程中，缺乏依赖，又或者过度依赖，都会导致在亲密关系中，无意识使用这样的情感模式，以此来控制对方。这是第一种依赖方式。

第二种依赖方式是，主动让对方依赖自己。看上去这是一种类似主动承担的方式，但事实上，是以让对方离不开自己为手段的控制方式，从而产生彼此依赖。

这样的情感模式长久出现在亲密关系中，就会让彼此产生窒息般的痛苦。这一关还没过，新的冲突和矛盾又会产生。

面对这种过度依赖的伴侣，另一方就会产生反依赖的

情感模式。他们通常不想承担太多，更在意自己的时间与自由。当过度依赖的情感模式出现时，反依赖的情感模式就表现为逃离和冷漠。如此，新一幕的冲突又会上演。

同样在《超越死亡》中，崔雅写道：

"肯为了工作要离开两天，我几乎要崩溃了。他走后我开始责难自己的态度恶劣，过于想掌控他。他主要的抱怨就是我太想掌控他，独占他的时间。

"这是真的，我实在太爱他了，我希望每分每秒都能和他在一起。或许有人会说，我为了不让他分心，才会得癌症……他离开后，我真的快疯了。屋里显得格外冰凉和孤寂，我抱着电话向凯蒂哭诉了一个小时。"

崔雅作为病人，会更加依赖丈夫。而现实生活中，又有多少身体健康的人，也身处这样的情感模式中？

依赖就是一种对爱的上瘾。这样的瘾，对改善亲密关系毫无益处。于是，在单玩家模式中，你需要先完成爱上自己的工作。

首先，如实如是地接纳内在脆弱的自己，并坦率地承认自己情感的脆弱，对这个脆弱的自己说"是的"。

其次，在冲突之后，放下情绪，一致性地告诉伴侣自己的内在需求："我就是想依赖你，这样会让我更有安全感……"对方会更容易接受和理解你的需求。

最后,彼此承诺。可以用五分钟时间完成一个关于依赖的练习。"依赖练习"是将自己有意识地拉回到孩子般的状态,并且告诉伴侣,在这五分钟内,自己会以孩子的身份和方式与对方相处,想要被拥抱、被亲吻、被赞美……关键在于,自己可以观察到自己变小的样子。就如同完成一个深入联结的体验一样,让依赖在有意识的觉察中被观照。

这场人生游戏,困难重重,但无论如何,当你懂得单玩家模式的玩法后,双玩家模式自然就会更加和谐与默契。毕竟,他是你吸引来的,如同镜子,照射着你所看不见的自己。

第三节 自我意识的成长之路

每个人来到这个世界上,唯一要做的,也是最重要的事情,就是成为自己。而成为自己,要从建构自我开始,建构一座属于自己的生命之城。

没有自我,就意味着你只能靠"乞讨"而活。向别人乞讨爱，乞讨关注，乞讨一切可以慰藉自己的养分。这会让你的心无处安身，不能安身又怎能立命？

建构自我，意味着让自我意识长大，意味着一种带有觉性意识的苏醒。觉性意识会让你记得自己、认识自己以及爱上自己。你不会再向任何人乞讨，只会在记得自己的同时，明白他人的存在；在认识自己的同时，共情他人的感受；在爱上自己的同时，与这个世界联结。

如果一个人一生都没有自己生命的城池，心就会流浪。流浪者没有发言权，只能到谁家就说谁家话，这就有了"察言观色"的能力。一个缺乏自我意识的人，没有自己的思想，只能做别人思想的"复读机"。于是，无意识收存了大量别人的信念和模式，有父母的、老师的、权威的、崇拜者的……

这些信念和模式无论有多精彩，都不是你自己的。于是，你经常抱怨别人，习惯于让别人对自己负责，无法为自己的选择负责……

如果你有觉知，就不难发现，这一切并不是别人的错，而是成长的产物，以及让你重新看见自我的机会。如果你恨这些人，就会迷失于痛苦之中；如果感恩他们，感恩看见迷失的自己，那么重新创造自己的机会就会来临。

这个创造的历程，会让你更深刻地理解人类无法离开创造这一能力。有创造力的孩子，有创造力的员工，有创造力的老师，有创造力的朋友，有创造力的国家……相比"复读"，创造就变得尤为珍贵，因为创造必须来自自己。

所以，不记得自己，不认识自己，不观察自己，不触碰自己，不了解自己，何来创造？

如此，无论你经历了怎样的童年，只要你充满勇气，就可以完成自我创造。

在自我创造之路上，如果能够了解孩子自我意识的发展阶段，你就能更容易地理解自己的成长之路：

第一阶段混沌，特点是合一；

第二阶段萌芽，特点是依恋；

第三阶段发展，特点是执拗；

第四阶段成长，特点是对抗；

第五阶段实践，特点是创造；

第六阶段成熟，特点是接纳与包容。

参考自我意识的发展阶段，你会明白自我成长不容易，但非常必要，它意味着你重新活过。如此，便有了爱上自己的体验。

这个过程要经历剥离并放下父母、老师、权威曾经给你建构的那些模式，让自己慢慢学着表达。孩子的自我建构，外部干扰多，而成人重新建构自己，内部干扰多。但只要你的成长意愿足够强烈，终将可以收获很多。不要忘记那个创造生命的你，可以借用生养下一代的力量完成自我创造，这就是孩子给你带来的最佳礼物。所以人们常说，做父母，本身就是一种修行。

无论是童年的成长，还是成人之后的再成长，与权威的关系都是一个挑战。

合一阶段：孩子与权威（父母）是一体化的关系，所以会出现合一感，表现出完全的无意识的顺从和臣服。

依恋阶段：孩子与权威的关系从共生走向了依赖。要想成功依赖一个人，就要控制对方。从孩童阶段的"你是我的（妈妈）"到成人阶段的"你不能离开我"或者"你要听我的"，这两者很相似。依赖权威，容易成为牺牲者、受害者、破坏者和隐形控制者。

执拗阶段："我就要按我想的、说的做"，看不见别人与环境，容易对权威产生固着与愤怒，成为一个愤怒者或压抑者。

对抗阶段："我为什么要听你的？""听你的，那我算什么？""你有什么了不起？""你是错的，我是对的！"但内心又充满恐惧、质疑和担忧。与权威的关系是挑战和质疑。

创造阶段：能够看见别人，发现在自己之外有广阔的天空，将所见所闻、所思所想与自我体验融合，产生新的创意，并将创意用于实践。这个阶段会产生较高的自我价值感，与权威的关系是交流、沟通、听取和一致性的自我表达。

接纳与包容阶段：对生活产生洞见，并在其中寻找万物的规律。认识自己，也能够理解他人与环境，接纳与包容性很强。与权威的关系是真正的联结与有意识的臣服。此时，一种更加高级的顺从出现了，顺应自然，无为而为。

其实，你与权威的关系，就是与父母的关系。超个人心理学家阿玛斯说："你与母亲的关系决定了你与世界的关系。"所以，珍惜每一个养育孩子的机会，也珍惜所有能够给你带来自我成长、自我创造的机会。毕竟你唯一能做的，就是建构好自己，然后以一种清晰、稳定的状态好好地活着。

说到这里，原本就可以结束，但生命的终点远非如此。所有的设计师不只是为了设计最好的作品，更多的是想超越自己的作品。人本主义心理学家马斯洛在晚年提出了自我实现后的自我超越，那是一种生命的高峰体验。

当一个人建构好自己，并在这个世界上实现自我价值之后，就会有超越自己的愿望。那是一种自我消融的状态，不再将所有的焦点放在自己身上，放在自我所得和自我价值的实现上。

艾克哈特在《新世界》一书中说到，过度崇尚自我意识，将人类带向了一条狭窄黑暗的道路，并把自己的利益置于最高点。这种过度强调和迷恋自我的状态，最终会让人看不到生命的真相。

所有的成长都是为了让人类意识得以扬升。借助肯·威尔伯的概念来说，我们能做的就是扬升意识，让"转译"带来更美好、健康的生活，让"转化"带来生命更大的解脱。